AF543549

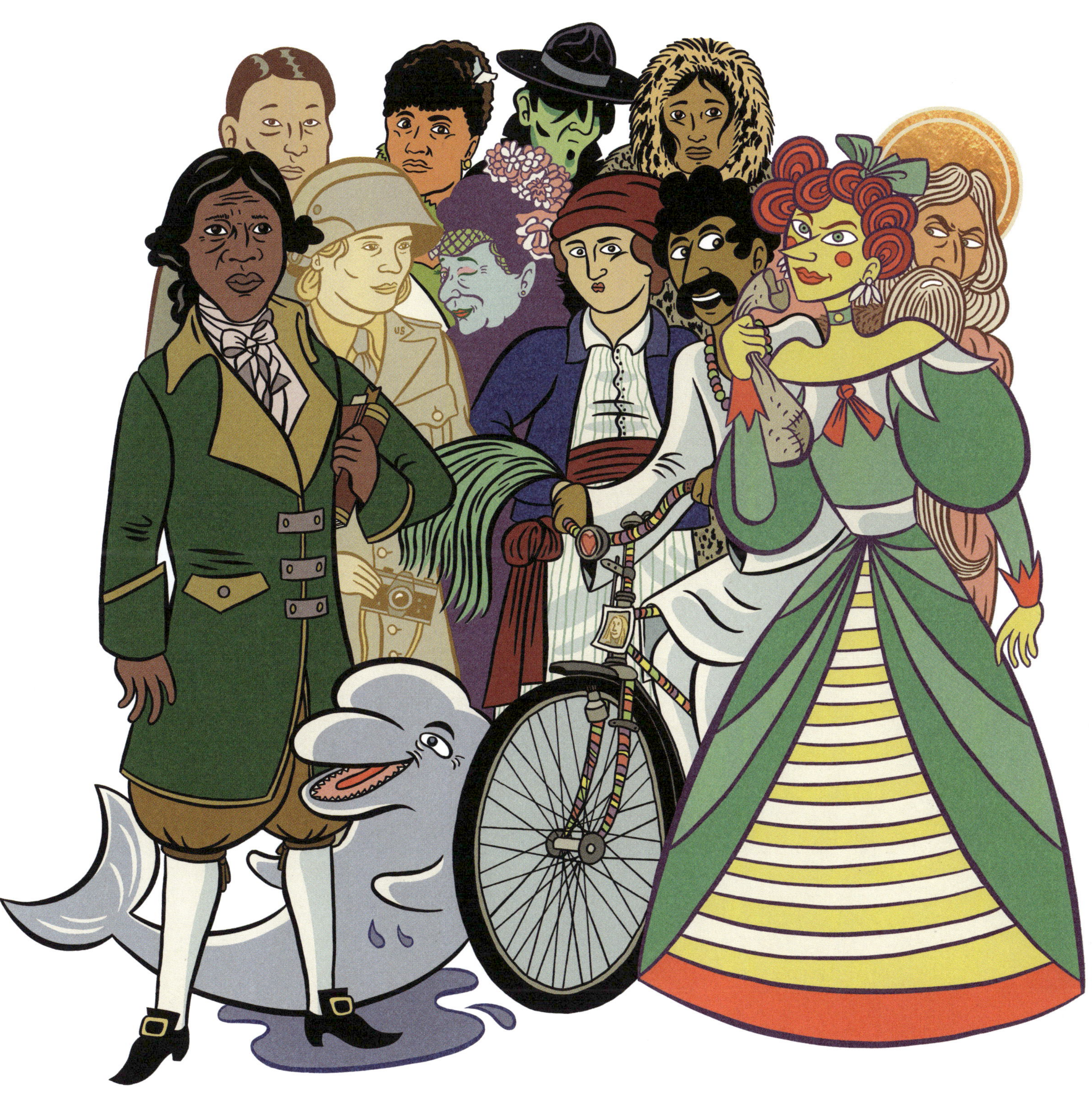

FÜR ELI

SIMON SCHWARTZ

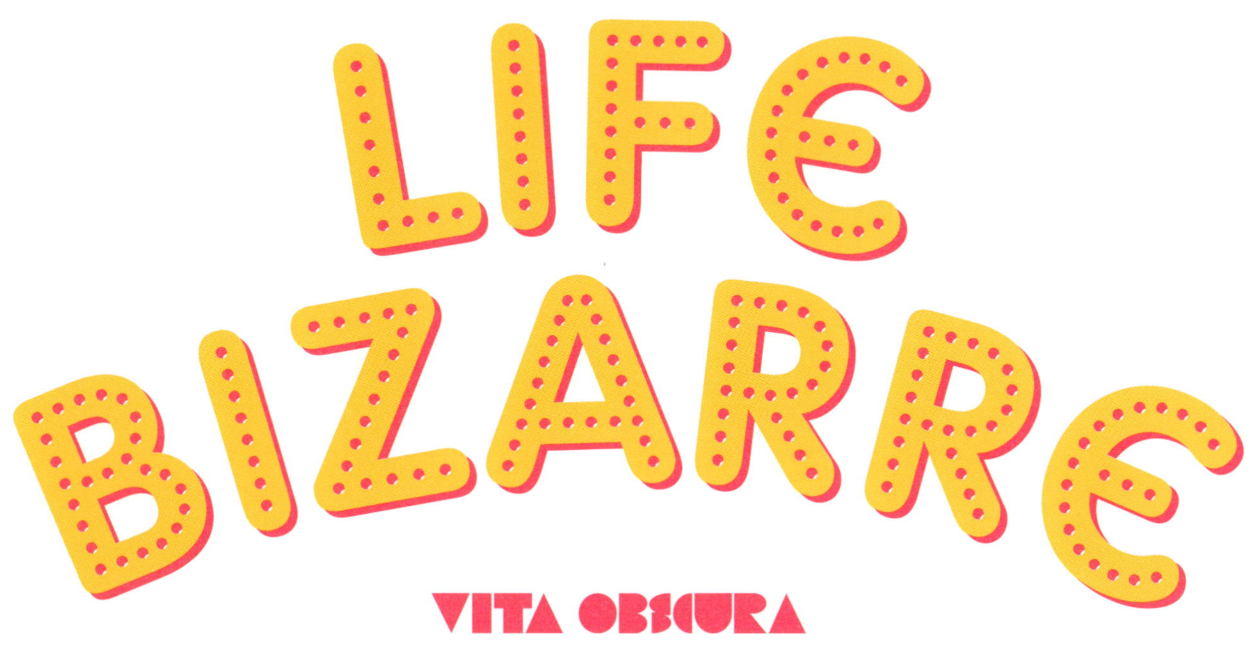

VITA OBSCURA

50 UNGLAUBLICHE BIOGRAFIEN

avant-verlag

INHALT

VORWORT

Im Jahr 2019 waren wir beim F.A.Z.-Magazin ziemlich ratlos. Karl Lagerfeld, der sechs Jahre lang jeden Monat für uns mit einer „Karlikatur" das politische Zeitgeschehen aufgespießt hatte, war gestorben. Wer sollte nun eine der schönsten Seiten des Magazins, nämlich weit vorne, mit so überraschenden wie abwechslungsreichen Zeichnungen füllen? Welcher Zeichner wäre überhaupt in der Lage, das Großformat von 278 mal 399 Millimetern mit relevantem Stoff zu bespielen? Schnell kamen wir auf Simon Schwartz, der 1982 in Erfurt geboren wurde. Als Sohn eines Grafikers und einer Restauratorin war ihm kaum eine andere Wahl geblieben, als einen kreativen Beruf zu ergreifen. Also studierte er bei Anke Feuchtenberger, begann seine Zeichenkarriere bei der Comic-Zeitschrift „Mosaik" und veröffentlichte seine im Jahr 2012 begonnene Serie „Vita Obscura" bis 2016 in „der Freitag". Mir war er durch seinen Comicroman „drüben!" über die Ausreise seiner Eltern aus der DDR und über seine Parlamentarier-Porträts aufgefallen. In der Serie „Vita Obscura", die es nun schon seit zehn Jahren gibt und die seit September 2019 monatlich im F.A.Z.-Magazin erscheint, kommen all die Fähigkeiten des begnadeten Illustrators und originellen Geschichtenerzählers zusammen. Sein Themenspektrum, das in diesem Band zu erkennen ist, zeigt sich schon an der Auswahl der Sujets: Sei es Anton Wilhelm Amo, der erste schwarze deutsche Philosoph aus dem 18. Jahrhundert, sei es die rätselhafte New Yorker Schaufensterpuppe Cynthia, sei es die Transperson Charlotte von Mahlsdorf – immer wieder erweckt er historische Gestalten zu neuem Leben, die man gar nicht kannte oder längst vergessen hatte. Die Zeichnungen, die im Bildarrangement ihren Inhalt und im Zeichenstil die Epoche andeuten, sind so großzügig wie detailversessen. Schwer zu verstehen, woher er all die Anregungen bekommt für seine entlegenen Ideen. Und kaum zu glauben, dass er höchstens zwei Tage braucht für jedes dieser Kunstwerke. Und wie schafft er es, auch noch mit Witz aktuelle Bezüge einzubauen wie über den heiligen Antonius, den Einsiedler, den er als „Godfather of social distancing" bezeichnet? Schauen Sie selbst! Diese Zeichnungen sind Zeichen, die über sich selbst hinausweisen. Mit Simon Schwartz lassen sich neue Welten entdecken.

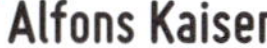

Alfons Kaiser

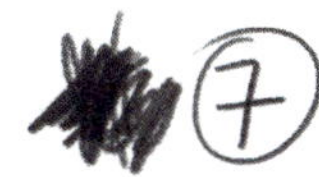

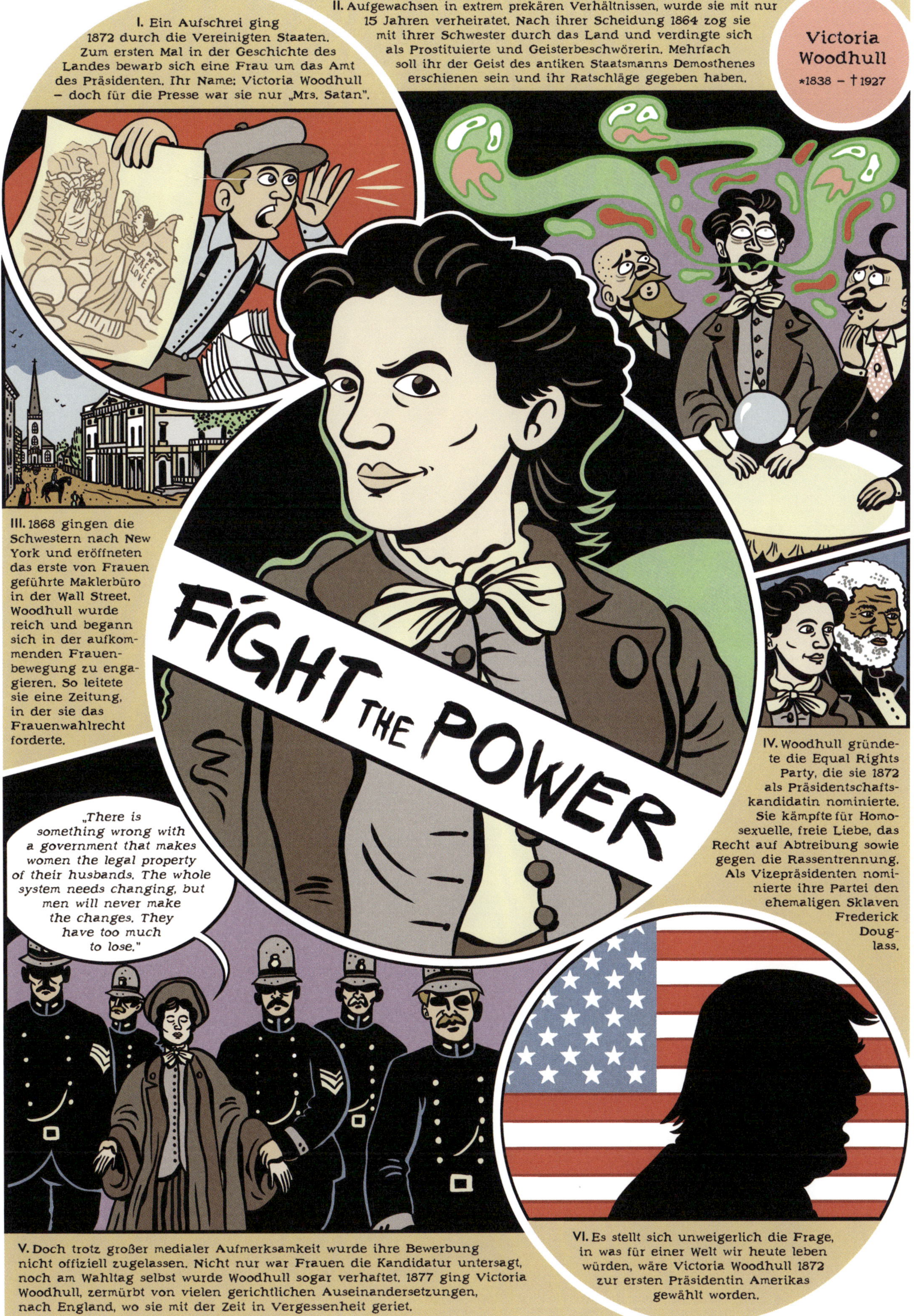
I. Ein Aufschrei ging 1872 durch die Vereinigten Staaten. Zum ersten Mal in der Geschichte des Landes bewarb sich eine Frau um das Amt des Präsidenten. Ihr Name: Victoria Woodhull – doch für die Presse war sie nur „Mrs. Satan".
II. Aufgewachsen in extrem prekären Verhältnissen, wurde sie mit nur 15 Jahren verheiratet. Nach ihrer Scheidung 1864 zog sie mit ihrer Schwester durch das Land und verdingte sich als Prostituierte und Geisterbeschwörerin. Mehrfach soll ihr der Geist des antiken Staatsmanns Demosthenes erschienen sein und ihr Ratschläge gegeben haben.
Victoria Woodhull
*1838 – †1927
III. 1868 gingen die Schwestern nach New York und eröffneten das erste von Frauen geführte Maklerbüro in der Wall Street. Woodhull wurde reich und begann sich in der aufkommenden Frauenbewegung zu engagieren. So leitete sie eine Zeitung, in der sie das Frauenwahlrecht forderte.
FIGHT THE POWER
IV. Woodhull gründete die Equal Rights Party, die sie 1872 als Präsidentschaftskandidatin nominierte. Sie kämpfte für Homosexuelle, freie Liebe, das Recht auf Abtreibung sowie gegen die Rassentrennung. Als Vizepräsidenten nominierte ihre Partei den ehemaligen Sklaven Frederick Douglass.
„There is something wrong with a government that makes women the legal property of their husbands. The whole system needs changing, but men will never make the changes. They have too much to lose."
V. Doch trotz großer medialer Aufmerksamkeit wurde ihre Bewerbung nicht offiziell zugelassen. Nicht nur war Frauen die Kandidatur untersagt, noch am Wahltag selbst wurde Woodhull sogar verhaftet. 1877 ging Victoria Woodhull, zermürbt von vielen gerichtlichen Auseinandersetzungen, nach England, wo sie mit der Zeit in Vergessenheit geriet.
VI. Es stellt sich unweigerlich die Frage, in was für einer Welt wir heute leben würden, wäre Victoria Woodhull 1872 zur ersten Präsidentin Amerikas gewählt worden.

LE PATIENT C'EST MOI!

I. Wenn man bedenkt, dass um 1700 in weiten Teilen Europas die durchschnittliche Lebenserwartung bei ca. 30 Jahren lag, ist es bemerkenswert, dass Ludwig XIV. das stolze Alter von fast 77 Jahren erreichte – zumal seine Leibärzte alles in ihrer Macht Stehende taten, um das Leben des Sonnenkönigs zu verkürzen.

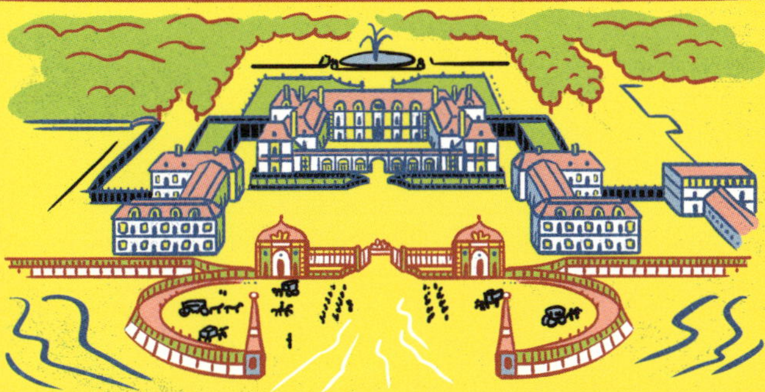

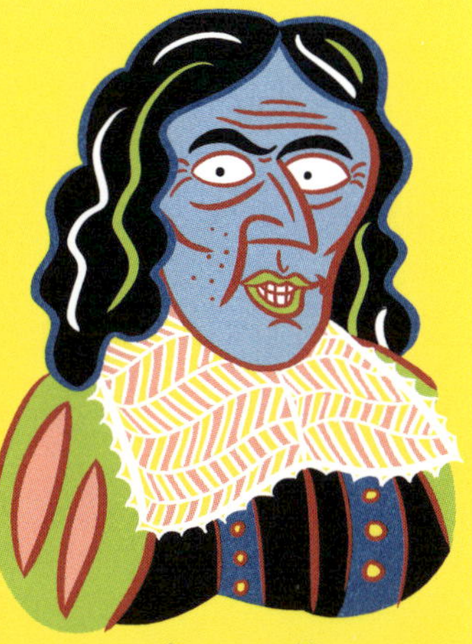

Antoine Vallot
* 1594 – † 1671

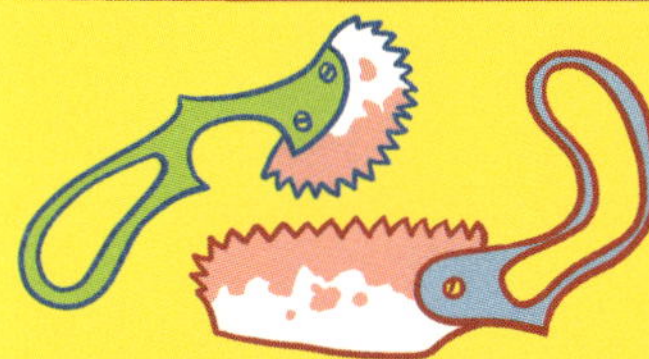

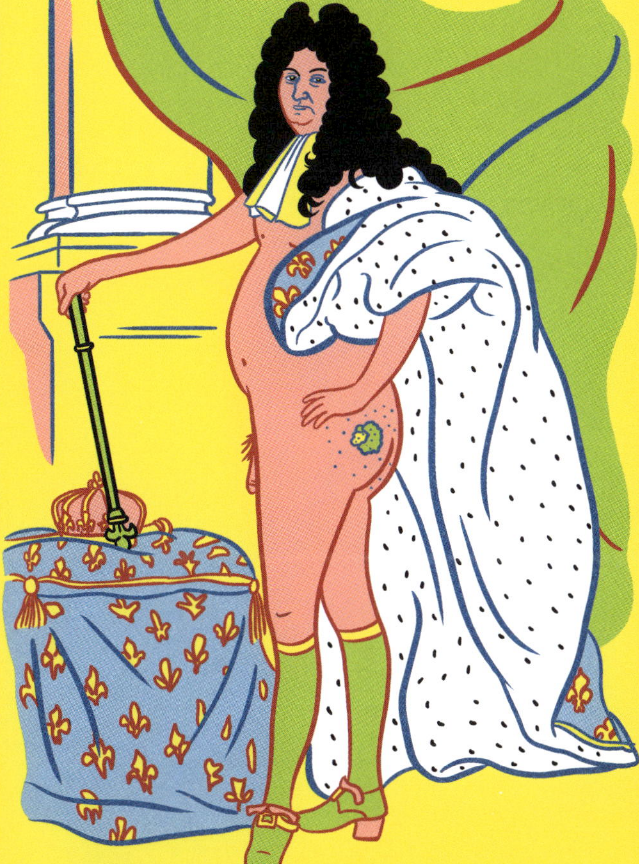

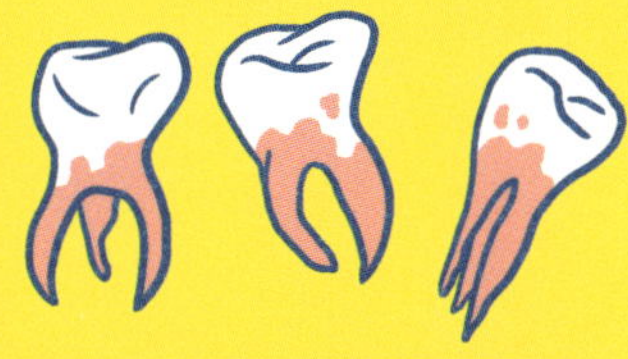

II. Ludwigs erster Leibarzt Antoine Vallot folgte dem Dogma der Pariser Sorbonne, dass neben täglichen Aderlässen ein gereinigter Darm jeglichen Erkrankungen vorbeugen könne. Folglich erhielt Ludwig von ihm zum Frühstück eine „Bouillon purgatif" aus Schlangenpulver, Pferdemist und Weihrauch. Vallots wichtigste Aufgabe war es, die Exkremente des Monarchen zu untersuchen. Eine umfangreiche Pflicht, denn Ludwig musste fortan bis zu 18 Mal am Tag auf die Toilette – die er leider oft nicht rechtzeitig erreichte. Zusätzlich verschaffte die Behandlung ihm einen meterlangen Bandwurm.

III. Als Antoine d'Aquin 1672 Vallots Posten übernahm, erging es dem Sonnenkönig nicht besser. Mit dem festen Glauben ausgestattet, dass die Zähne der größte Infektionsherd im menschlichen Körper seien, überredete er Ludwig, sich alle Zähne ziehen zu lassen, da diese seine „gloire" gefährden könnten. Es folgte das wohl schlimmste Blutbad in der Historie der Dentalmedizin. Ohne Narkose zog Antoine d'Aquin an einem Tag Ludwig sämtliche Zähne und riss dabei weite Teile des Gaumens heraus. Die Wunden wurden mit glühenden Eisen ausgebrannt. Fortan floss Ludwig der Wein aus der Nase, und sein Essen verschwand in seinen Nebenhöhlen.

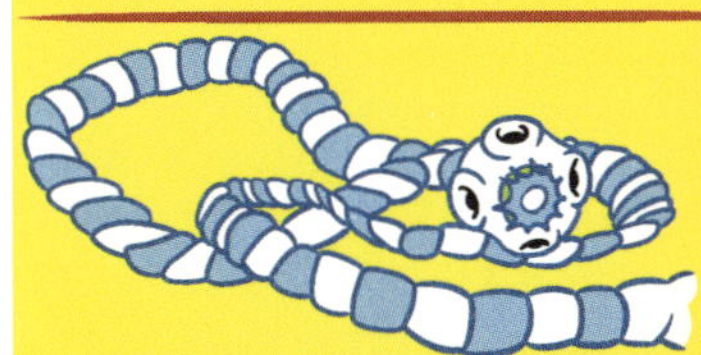

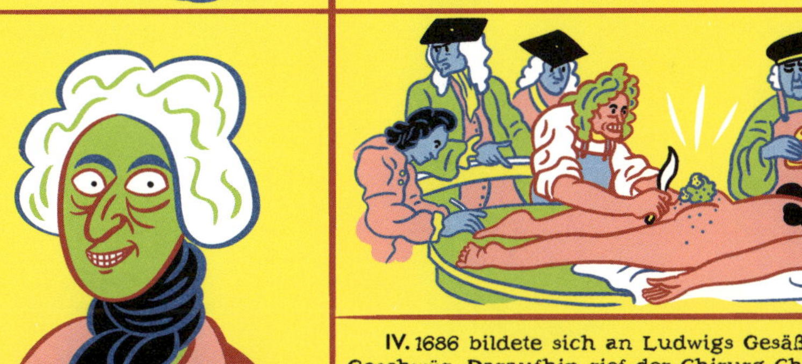

Antoine d'Aquin
* 1629 – † 1696

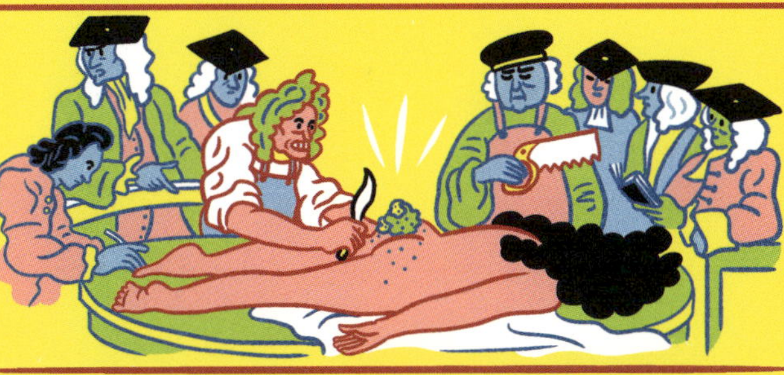

IV. 1686 bildete sich an Ludwigs Gesäß ein faustgroßes Geschwür. Daraufhin rief der Chirurg Charles-François Félix für Testoperationen zig Leidensgenossen des Königs an seinen Seziertisch. Nur einer der Patienten sollte überleben – Ludwig selbst. Mit zehn Schnitten säbelte Félix die Wucherung vor Publikum vom unbetäubten royalen Hintern. Im Anschluss musste der Monarch zur Messe, zu einem Festbankett und einer zweistündigen Ratssitzung. Der Vollständigkeit halber sei hier noch angemerkt, dass Ludwig alle drei Ärzte überlebte.

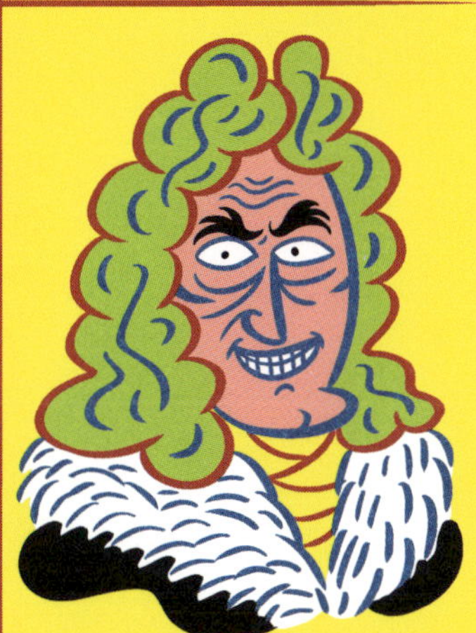

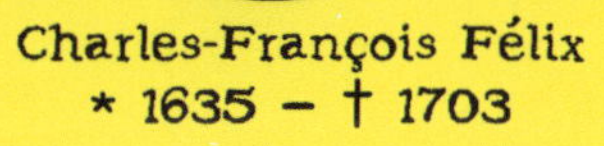

Charles-François Félix
* 1635 – † 1703

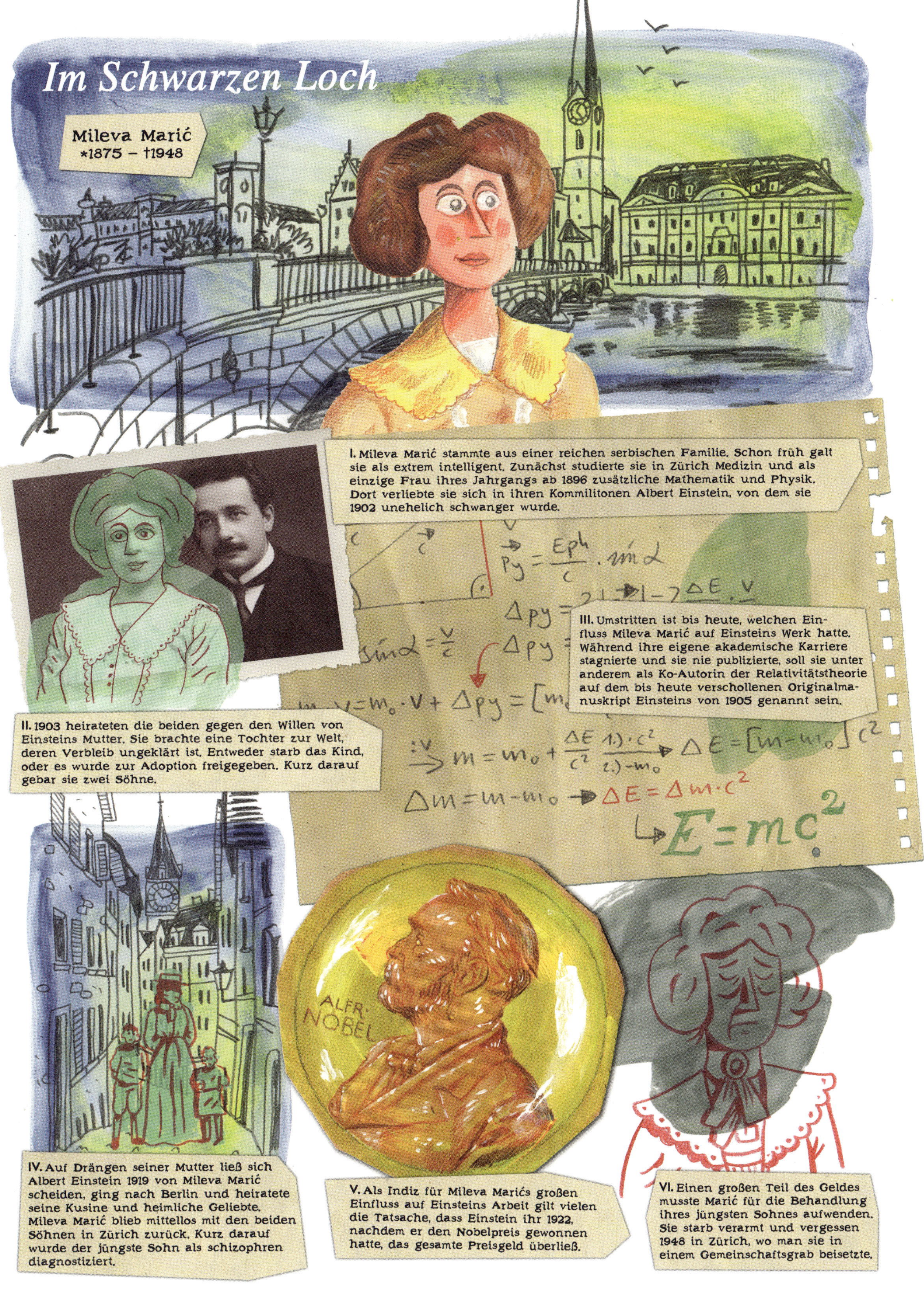
Im Schwarzen Loch
Mileva Marić
*1875 – †1948
I. Mileva Marić stammte aus einer reichen serbischen Familie. Schon früh galt sie als extrem intelligent. Zunächst studierte sie in Zürich Medizin und als einzige Frau ihres Jahrgangs ab 1896 zusätzliche Mathematik und Physik. Dort verliebte sie sich in ihren Kommilitonen Albert Einstein, von dem sie 1902 unehelich schwanger wurde.
II. 1903 heirateten die beiden gegen den Willen von Einsteins Mutter. Sie brachte eine Tochter zur Welt, deren Verbleib ungeklärt ist. Entweder starb das Kind, oder es wurde zur Adoption freigegeben. Kurz darauf gebar sie zwei Söhne.
III. Umstritten ist bis heute, welchen Einfluss Mileva Marić auf Einsteins Werk hatte. Während ihre eigene akademische Karriere stagnierte und sie nie publizierte, soll sie unter anderem als Ko-Autorin der Relativitätstheorie auf dem bis heute verschollenen Originalmanuskript Einsteins von 1905 genannt sein.
$\Delta m = m - m_0 \rightarrow \Delta E = \Delta m \cdot c^2$
$E = mc^2$
IV. Auf Drängen seiner Mutter ließ sich Albert Einstein 1919 von Mileva Marić scheiden, ging nach Berlin und heiratete seine Kusine und heimliche Geliebte. Mileva Marić blieb mittellos mit den beiden Söhnen in Zürich zurück. Kurz darauf wurde der jüngste Sohn als schizophren diagnostiziert.
ALFR. NOBEL
V. Als Indiz für Mileva Marićs großen Einfluss auf Einsteins Arbeit gilt vielen die Tatsache, dass Einstein ihr 1922, nachdem er den Nobelpreis gewonnen hatte, das gesamte Preisgeld überließ.
VI. Einen großen Teil des Geldes musste Marić für die Behandlung ihres jüngsten Sohnes aufwenden. Sie starb verarmt und vergessen 1948 in Zürich, wo man sie in einem Gemeinschaftsgrab beisetzte.

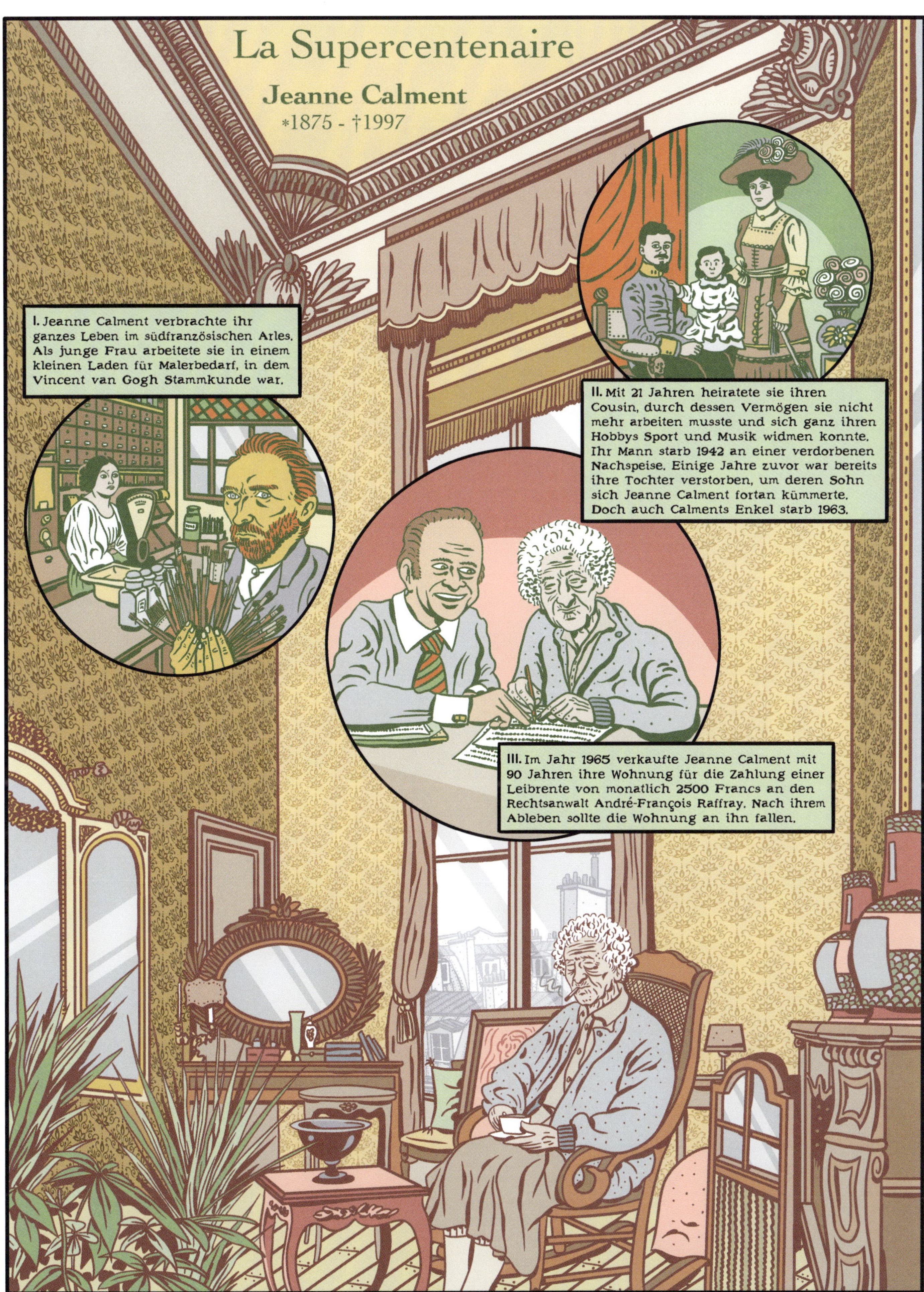

IV. Jedoch überlebte Jeanne Calment nicht nur ihre gesamte Familie. Sie überlebte auch Raffray, der 1995, 30 Jahre nach der Vereinbarung, mit 77 Jahren starb. In der Folge war seine Witwe gezwungen, die Leibrente weiter zu zahlen. Jeanne Calment starb 1997. Sie wurde 122 Jahre alt und damit älter, als jemals zuvor ein Mensch geworden ist. Erst fünf Jahre vor ihrem Tod hatte sie mit dem Rauchen aufgehört. Am Ende hatten die Raffrays insgesamt den doppelten Marktpreis für ihre Wohnung bezahlt.

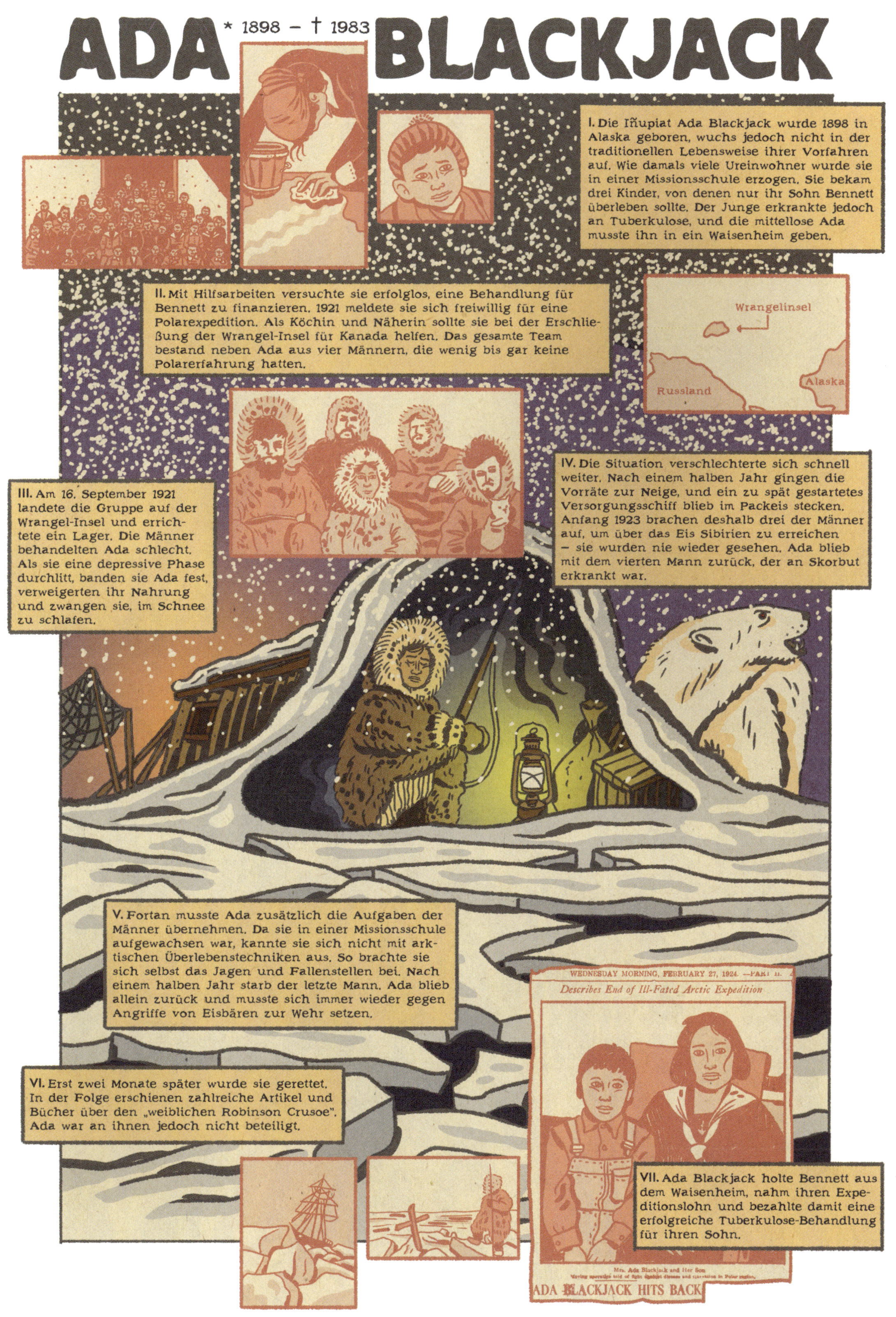
ADA * 1898 – † 1983 BLACKJACK
I. Die Iñupiat Ada Blackjack wurde 1898 in Alaska geboren, wuchs jedoch nicht in der traditionellen Lebensweise ihrer Vorfahren auf. Wie damals viele Ureinwohner wurde sie in einer Missionsschule erzogen. Sie bekam drei Kinder, von denen nur ihr Sohn Bennett überleben sollte. Der Junge erkrankte jedoch an Tuberkulose, und die mittellose Ada musste ihn in ein Waisenheim geben.
II. Mit Hilfsarbeiten versuchte sie erfolglos, eine Behandlung für Bennett zu finanzieren. 1921 meldete sie sich freiwillig für eine Polarexpedition. Als Köchin und Näherin sollte sie bei der Erschließung der Wrangel-Insel für Kanada helfen. Das gesamte Team bestand neben Ada aus vier Männern, die wenig bis gar keine Polarerfahrung hatten.
Wrangelinsel
Russland
Alaska
III. Am 16. September 1921 landete die Gruppe auf der Wrangel-Insel und errichtete ein Lager. Die Männer behandelten Ada schlecht. Als sie eine depressive Phase durchlitt, banden sie Ada fest, verweigerten ihr Nahrung und zwangen sie, im Schnee zu schlafen.
IV. Die Situation verschlechterte sich schnell weiter. Nach einem halben Jahr gingen die Vorräte zur Neige, und ein zu spät gestartetes Versorgungsschiff blieb im Packeis stecken. Anfang 1923 brachen deshalb drei der Männer auf, um über das Eis Sibirien zu erreichen – sie wurden nie wieder gesehen. Ada blieb mit dem vierten Mann zurück, der an Skorbut erkrankt war.
V. Fortan musste Ada zusätzlich die Aufgaben der Männer übernehmen. Da sie in einer Missionsschule aufgewachsen war, kannte sie sich nicht mit arktischen Überlebenstechniken aus. So brachte sie sich selbst das Jagen und Fallenstellen bei. Nach einem halben Jahr starb der letzte Mann. Ada blieb allein zurück und musste sich immer wieder gegen Angriffe von Eisbären zur Wehr setzen.
VI. Erst zwei Monate später wurde sie gerettet. In der Folge erschienen zahlreiche Artikel und Bücher über den „weiblichen Robinson Crusoe". Ada war an ihnen jedoch nicht beteiligt.
WEDNESDAY MORNING, FEBRUARY 27, 1924. —PART II.
Describes End of Ill-Fated Arctic Expedition
VII. Ada Blackjack holte Bennett aus dem Waisenheim, nahm ihren Expeditionslohn und bezahlte damit eine erfolgreiche Tuberkulose-Behandlung für ihren Sohn.
Mrs. Ada Blackjack and Her Son
ADA BLACKJACK HITS BACK

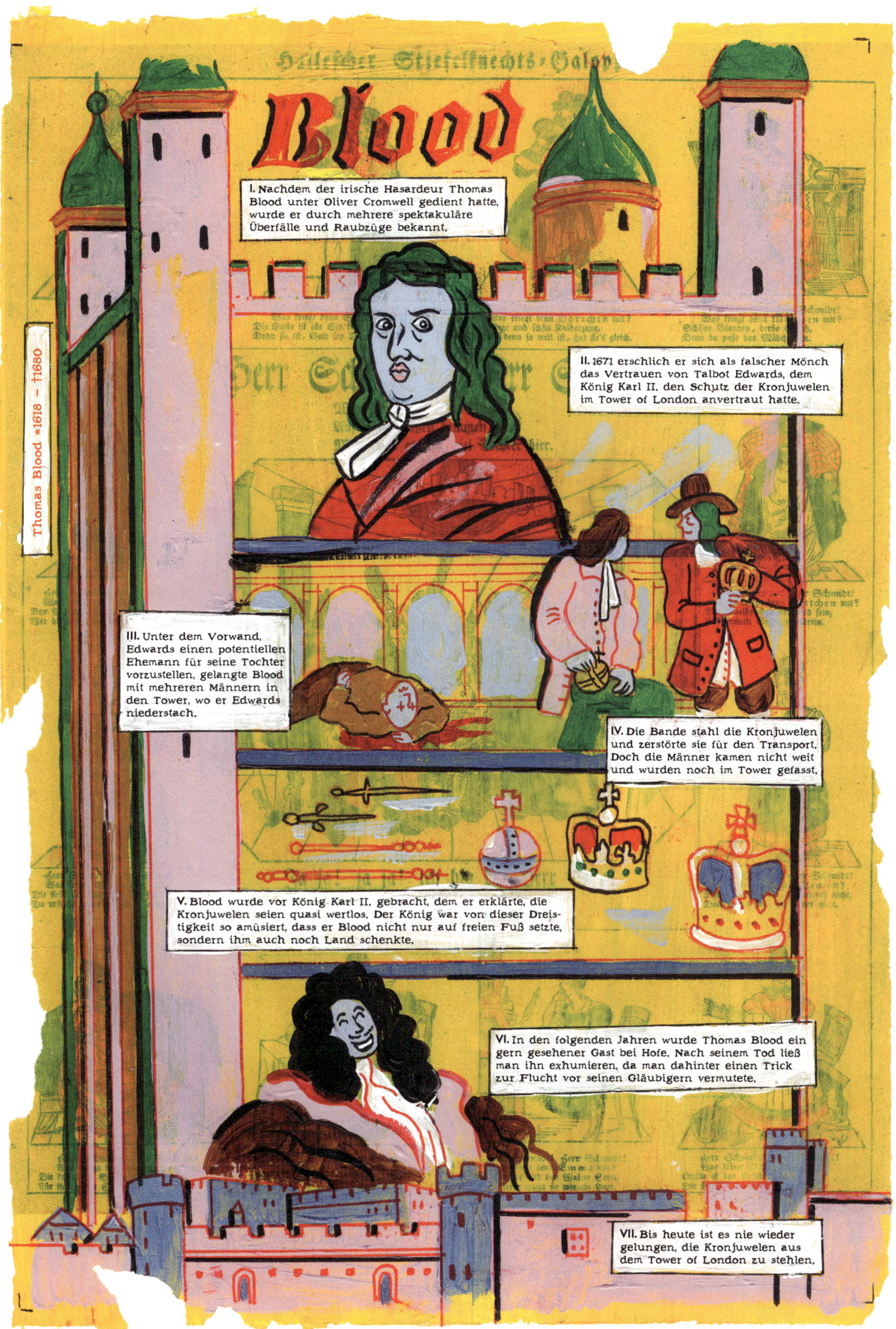
Blood
Thomas Blood *1618 – †1680
I. Nachdem der irische Hasardeur Thomas Blood unter Oliver Cromwell gedient hatte, wurde er durch mehrere spektakuläre Überfälle und Raubzüge bekannt.
II. 1671 erschlich er sich als falscher Mönch das Vertrauen von Talbot Edwards, dem König Karl II. den Schutz der Kronjuwelen im Tower of London anvertraut hatte.
III. Unter dem Vorwand, Edwards einen potentiellen Ehemann für seine Tochter vorzustellen, gelangte Blood mit mehreren Männern in den Tower, wo er Edwards niederstach.
IV. Die Bande stahl die Kronjuwelen und zerstörte sie für den Transport. Doch die Männer kamen nicht weit und wurden noch im Tower gefasst.
V. Blood wurde vor König Karl II. gebracht, dem er erklärte, die Kronjuwelen seien quasi wertlos. Der König war von dieser Dreistigkeit so amüsiert, dass er Blood nicht nur auf freien Fuß setzte, sondern ihm auch noch Land schenkte.
VI. In den folgenden Jahren wurde Thomas Blood ein gern gesehener Gast bei Hofe. Nach seinem Tod ließ man ihn exhumieren, da man dahinter einen Trick zur Flucht vor seinen Gläubigern vermutete.
VII. Bis heute ist es nie wieder gelungen, die Kronjuwelen aus dem Tower of London zu stehlen.

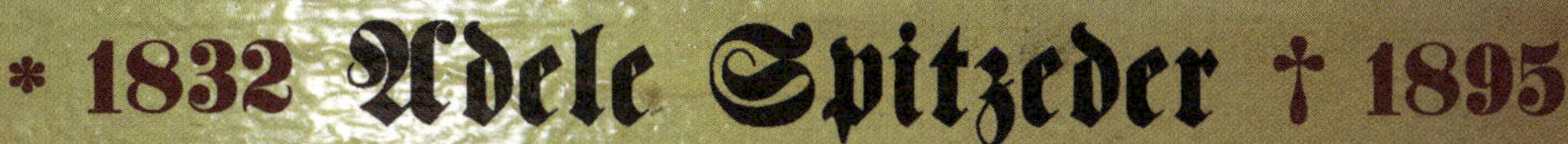
* 1832 Adele Spitzeder † 1895

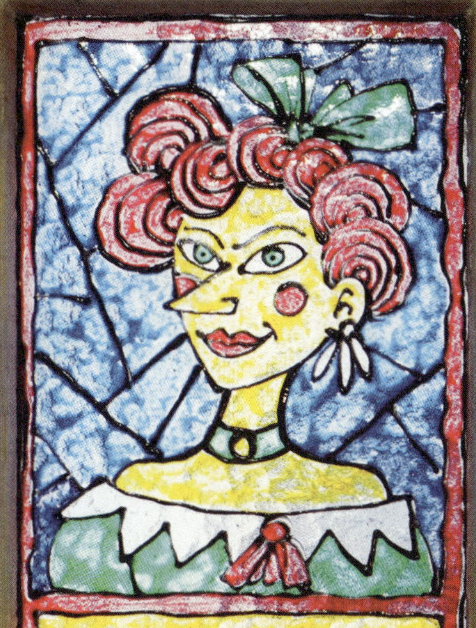
I. Schon Luther attestierte den
Bayern ein gutwilliges Gemüt und
eine „Ausrichtung um ihr Geld".
Es verwundert also nicht, dass die
eher erfolglose und hochverschuldete
Berliner Schauspielerin Adele
Spitzeder 1868 in München landete.

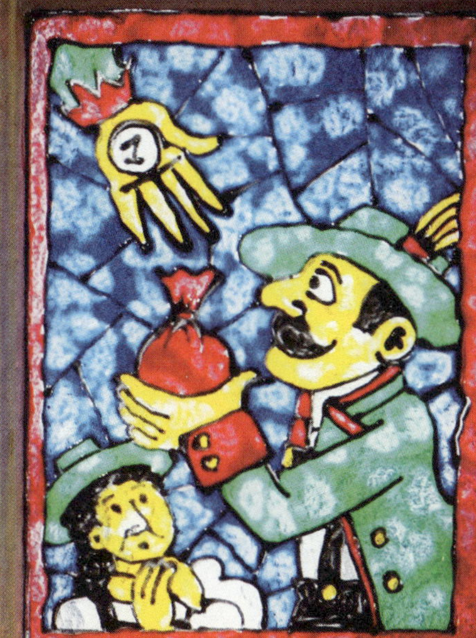
II. Mittellos versprach sie einer Frau
monatlich zehn Prozent Zinsen für
100 Gulden. Die Zinsen zahlte sie
sofort in bar. Schnell sprach sich
die „Privatbank" herum. Bauern
verpachteten ihre Höfe, nicht
ahnend, dass sie die Zinsen der
anderen Betrugsopfer zahlten.

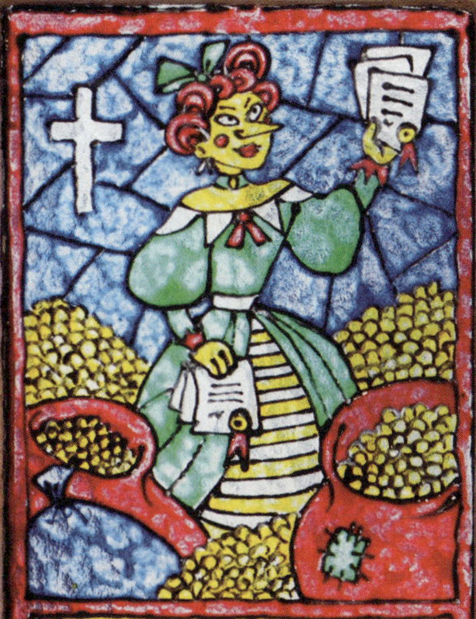
III. Schnell lag Spitzeders Tages-
umsatz bei 100.000 Gulden. Sie
mietete Räume an und hatte bald
83 Angestellte. Das Geld wurde
offen in ihrer Wohnung gelagert.
Eine Buchführung existierte nicht.
Parallel inszenierte sich Spitzeder
als fromme Wohltäterin und
gründete eine Zeitung.

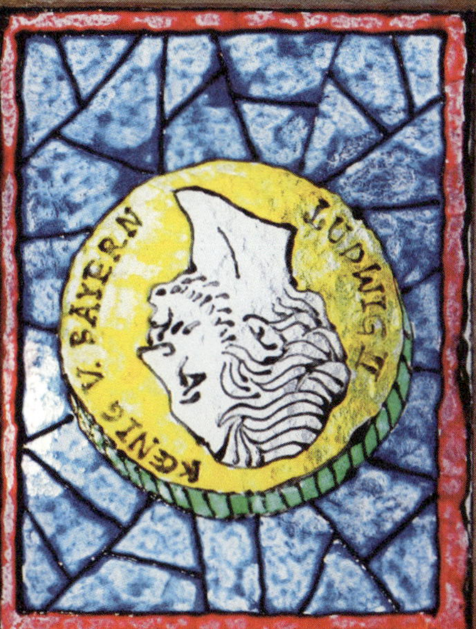
V. BAYERN
LUDWIG I
IV. 1872 forderten Gläubiger ihr Geld
ein. Das System kollabierte, denn
Spitzeder war pleite. Insgesamt hatte
sie 32.000 Opfer um den heutigen
Wert von 400 Millionen Euro geprellt.
Adele Spitzeder musste nur eine kurze
Haftstrafe absitzen – eine Banken-
aufsicht existierte noch nicht.

Chiune Sugihara * 1900 – † 1986 Yukiko Sugihara * 1913 – † 2008

杉原 千畝 杉原 幸子

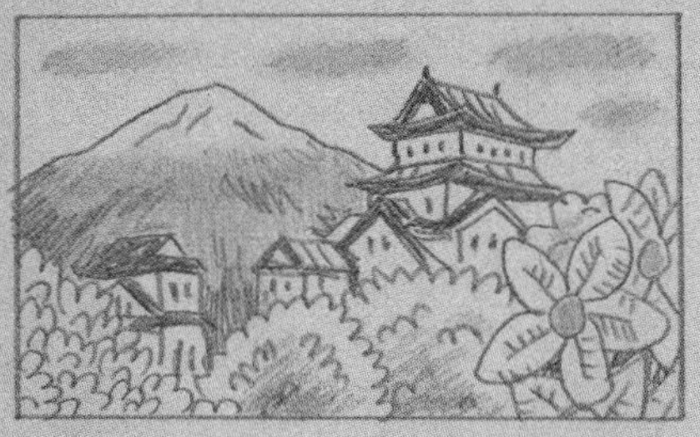

I. Chiune Sugihara galt als staatstreuer und zuverlässiger Beamter, als er 1939 zum Vizekonsul des japanischen Konsulats in Kaunas in Litauen ernannt wurde. Ein Jahr später besetzte die Sowjetunion das Land. Viele vor den Nazis geflohene polnische Juden sahen sich nun in großer Gefahr und versuchten, Litauen wieder zu verlassen. Japan ignorierte das Leid der europäischen Juden und vergab Visa nur nach Kriterien, die kaum jemand erfüllte. Am 29. Juli 1940 begann Sugihara mit seiner Frau Yukiko, auf eigene Faust Transitvisa für Japan zu vergeben. Über mehrere Wochen erstellten die beiden Tag und Nacht handschriftlich Visa. Sie schliefen im Durchschnitt nur vier Stunden und aßen kaum.

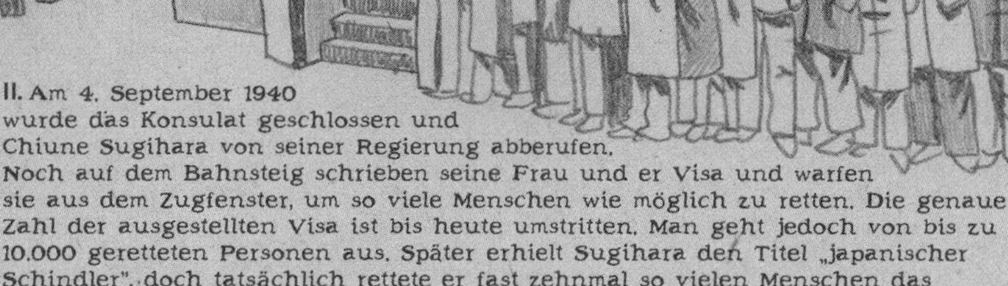

II. Am 4. September 1940 wurde das Konsulat geschlossen und Chiune Sugihara von seiner Regierung abberufen. Noch auf dem Bahnsteig schrieben seine Frau und er Visa und warfen sie aus dem Zugfenster, um so viele Menschen wie möglich zu retten. Die genaue Zahl der ausgestellten Visa ist bis heute umstritten. Man geht jedoch von bis zu 10.000 geretteten Personen aus. Später erhielt Sugihara den Titel „japanischer Schindler", doch tatsächlich rettete er fast zehnmal so vielen Menschen das Leben wie der Deutsche Oskar Schindler.

III. Nach Kriegsende forderte das japanische Außenministerium Chiune Sugihara zum Rücktritt auf. Zusammen mit seiner Frau ging er für rund 20 Jahre in die Sowjetunion, wo er unter Pseudonym lebte, um von den Behörden nicht wegen der Ereignisse in Litauen belangt zu werden. 1969 besuchte das Ehepaar Sugihara erstmals Israel. 1985 wurde Chiune Sugihara als „Gerechter unter den Völkern" in der Gedenkstätte Yad Vashem geehrt.

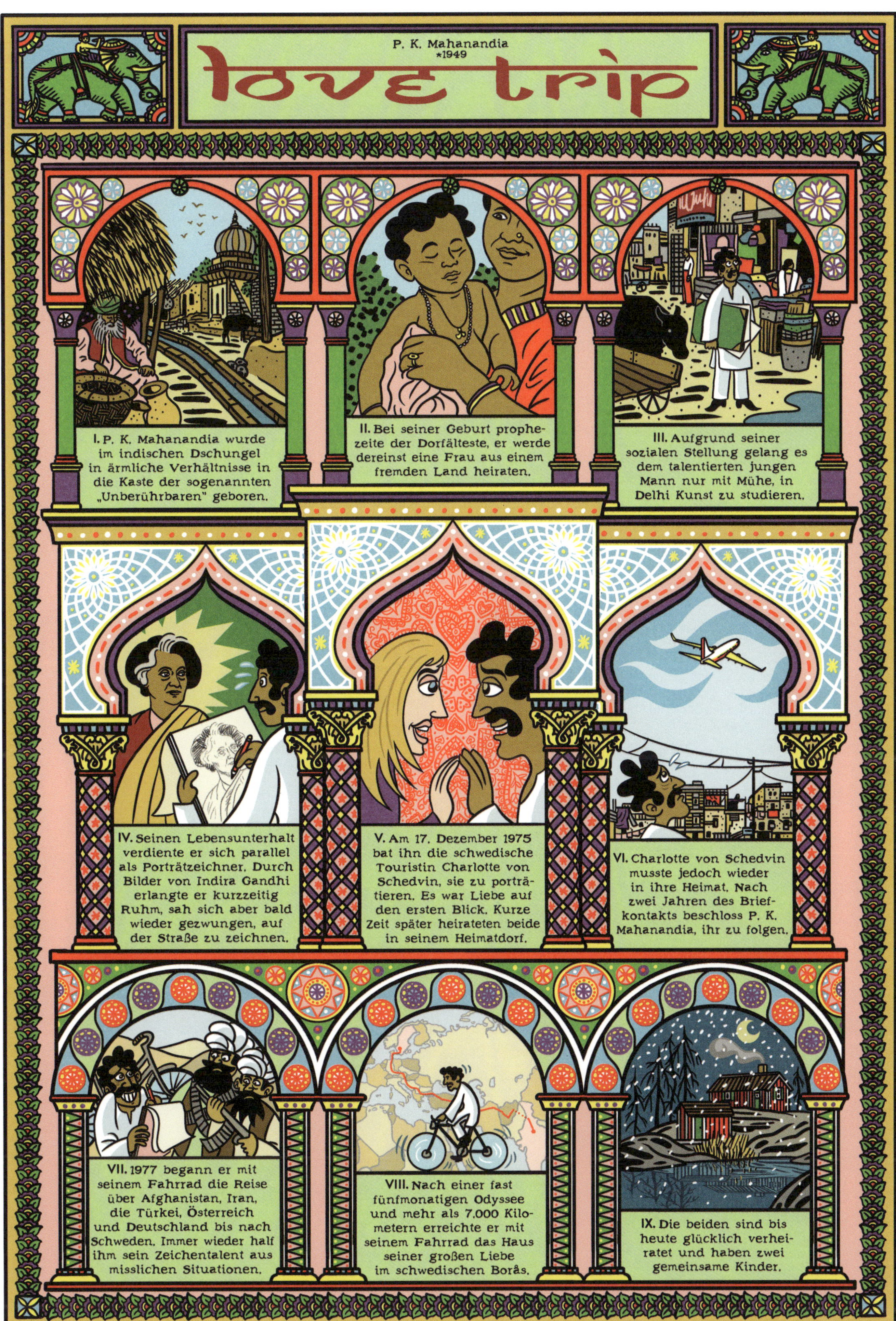
P. K. Mahanandia
*1949
love trip
I. P. K. Mahanandia wurde im indischen Dschungel in ärmliche Verhältnisse in die Kaste der sogenannten „Unberührbaren" geboren.
II. Bei seiner Geburt prophezeite der Dorfälteste, er werde dereinst eine Frau aus einem fremden Land heiraten.
III. Aufgrund seiner sozialen Stellung gelang es dem talentierten jungen Mann nur mit Mühe, in Delhi Kunst zu studieren.
IV. Seinen Lebensunterhalt verdiente er sich parallel als Porträtzeichner. Durch Bilder von Indira Gandhi erlangte er kurzzeitig Ruhm, sah sich aber bald wieder gezwungen, auf der Straße zu zeichnen.
V. Am 17. Dezember 1975 bat ihn die schwedische Touristin Charlotte von Schedvin, sie zu porträtieren. Es war Liebe auf den ersten Blick. Kurze Zeit später heirateten beide in seinem Heimatdorf.
VI. Charlotte von Schedvin musste jedoch wieder in ihre Heimat. Nach zwei Jahren des Briefkontakts beschloss P. K. Mahanandia, ihr zu folgen.
VII. 1977 begann er mit seinem Fahrrad die Reise über Afghanistan, Iran, die Türkei, Österreich und Deutschland bis nach Schweden. Immer wieder half ihm sein Zeichentalent aus misslichen Situationen.
VIII. Nach einer fast fünfmonatigen Odyssee und mehr als 7.000 Kilometern erreichte er mit seinem Fahrrad das Haus seiner großen Liebe im schwedischen Borås.
IX. Die beiden sind bis heute glücklich verheiratet und haben zwei gemeinsame Kinder.

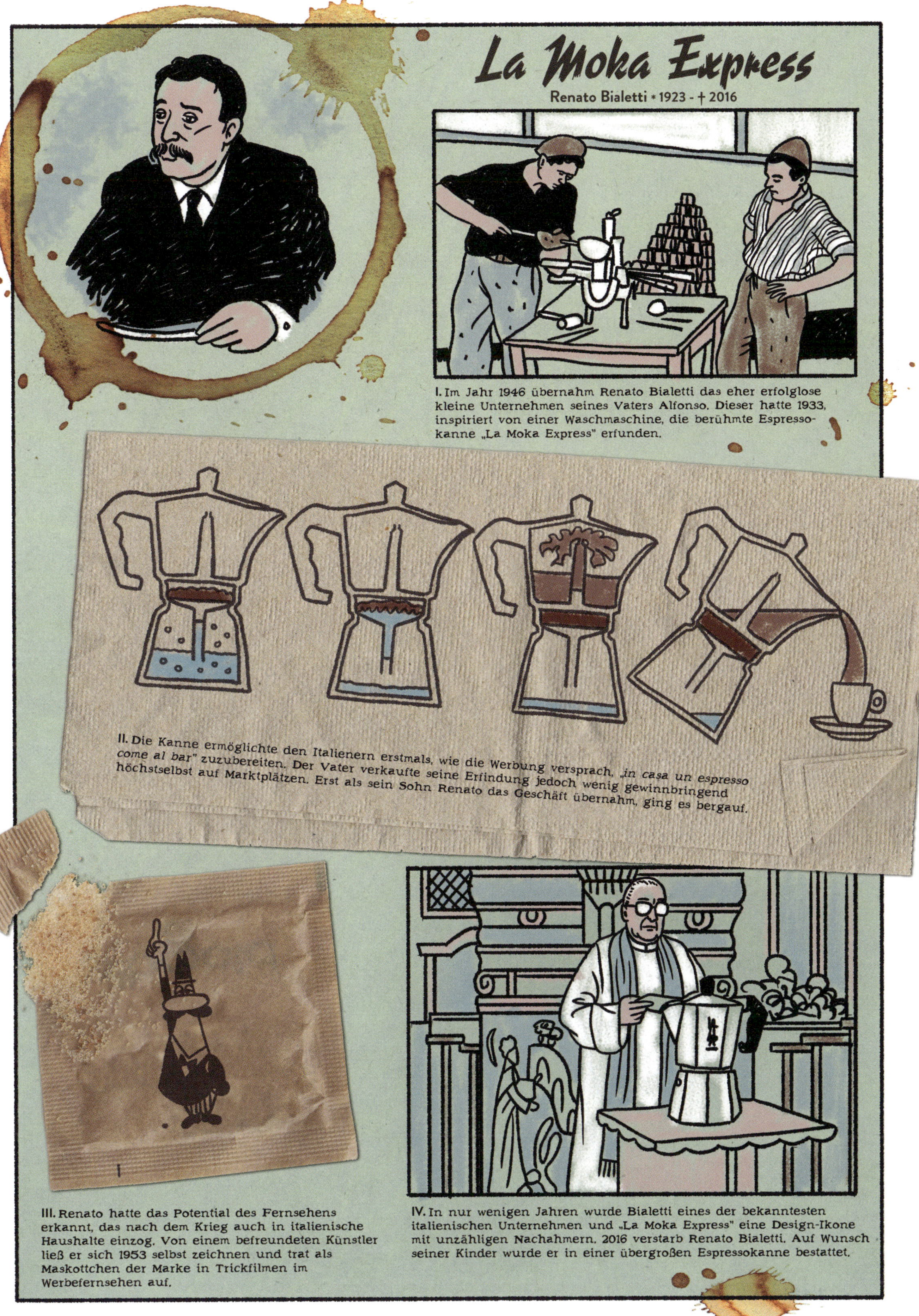

La Moka Express
Renato Bialetti * 1923 - † 2016
I. Im Jahr 1946 übernahm Renato Bialetti das eher erfolglose kleine Unternehmen seines Vaters Alfonso. Dieser hatte 1933, inspiriert von einer Waschmaschine, die berühmte Espressokanne „La Moka Express" erfunden.
II. Die Kanne ermöglichte den Italienern erstmals, wie die Werbung versprach, *„in casa un espresso come al bar"* zuzubereiten. Der Vater verkaufte seine Erfindung jedoch wenig gewinnbringend höchstselbst auf Marktplätzen. Erst als sein Sohn Renato das Geschäft übernahm, ging es bergauf.
III. Renato hatte das Potential des Fernsehens erkannt, das nach dem Krieg auch in italienische Haushalte einzog. Von einem befreundeten Künstler ließ er sich 1953 selbst zeichnen und trat als Maskottchen der Marke in Trickfilmen im Werbefernsehen auf.
IV. In nur wenigen Jahren wurde Bialetti eines der bekanntesten italienischen Unternehmen und „La Moka Express" eine Design-Ikone mit unzähligen Nachahmern. 2016 verstarb Renato Bialetti. Auf Wunsch seiner Kinder wurde er in einer übergroßen Espressokanne bestattet.

Lotti Huber
Die unwürdige Greisin

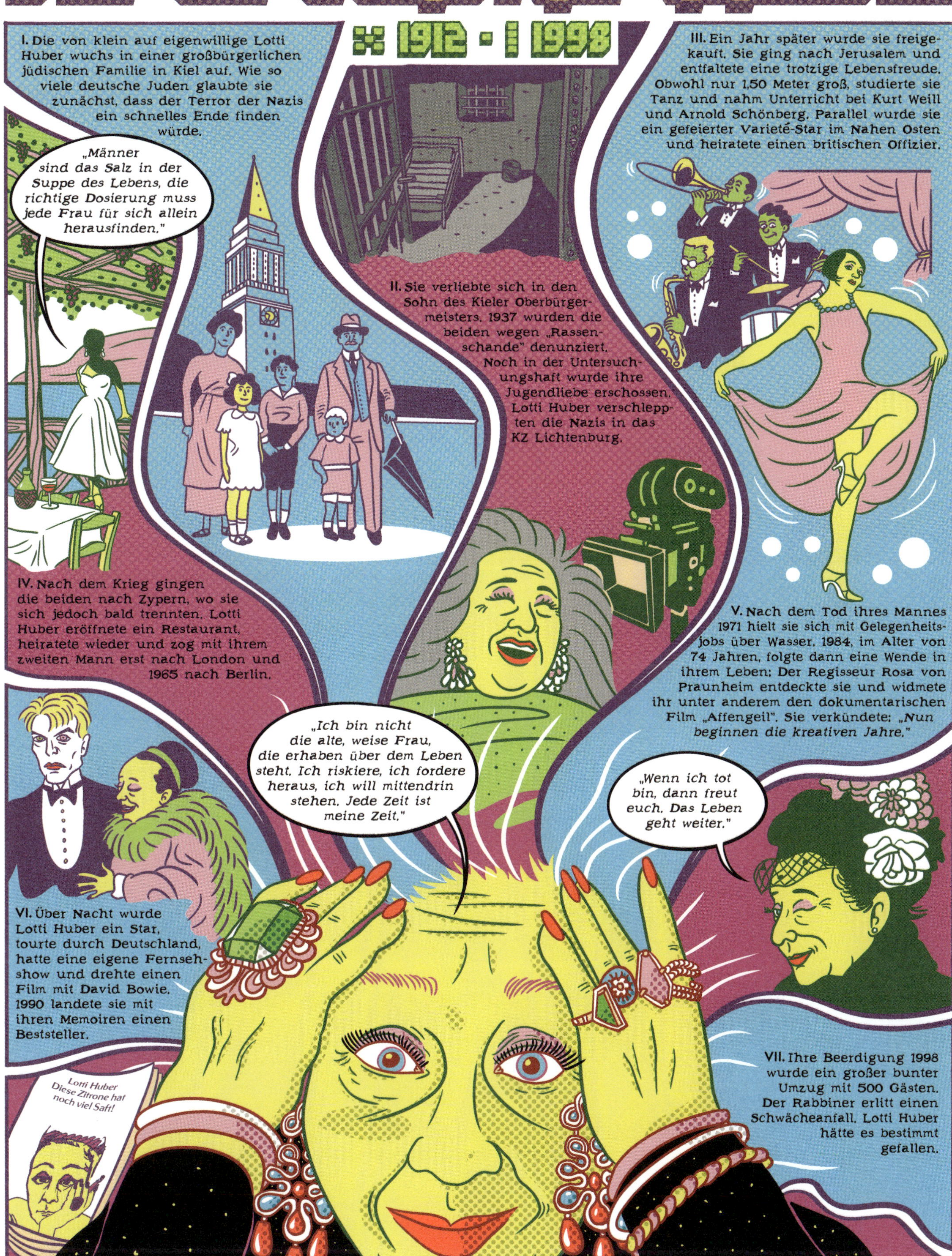

- Die 1001 Leben der Lee Miller -

Elizabeth „Lee" Miller, ∗1907 - †1977

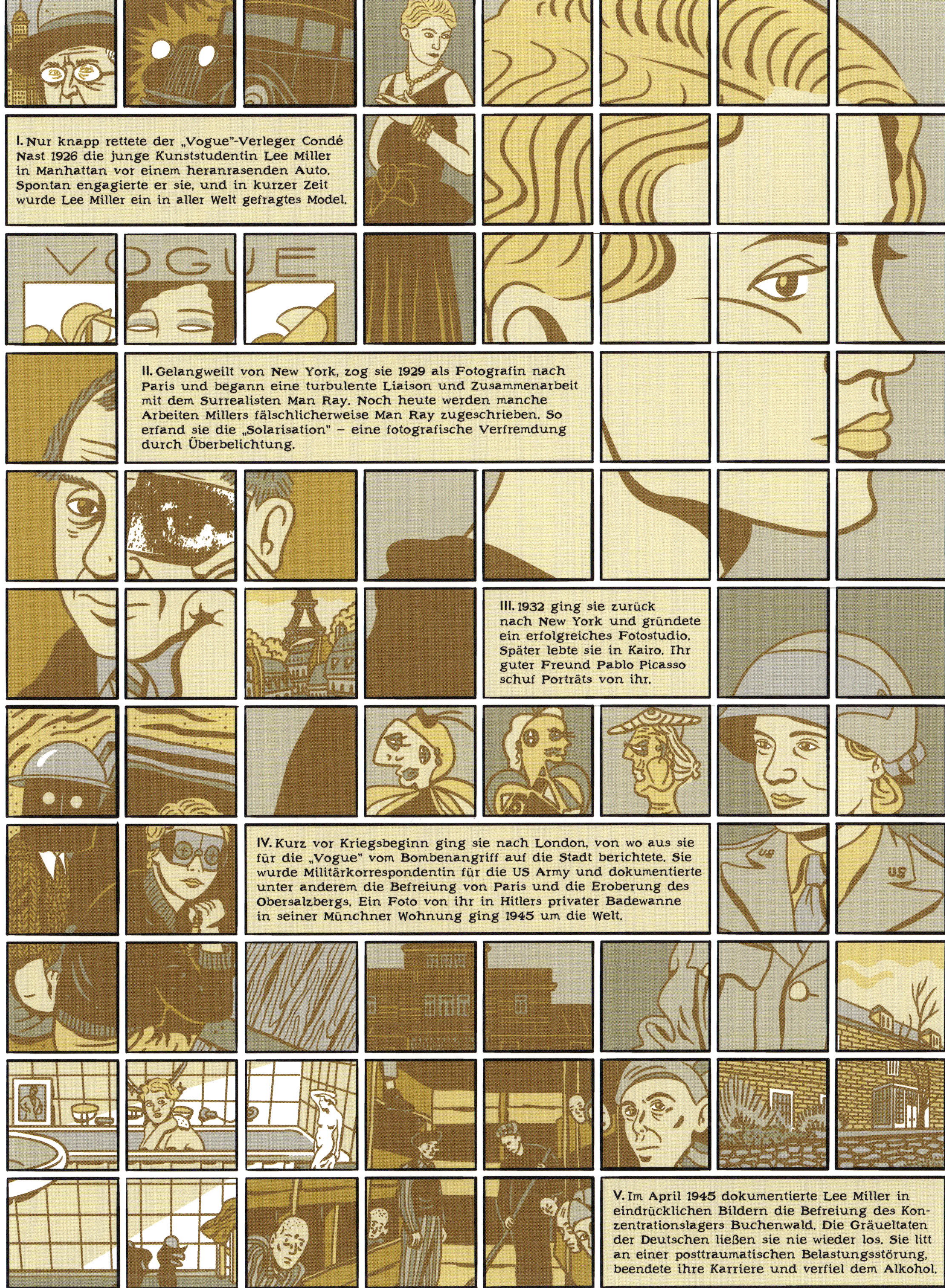

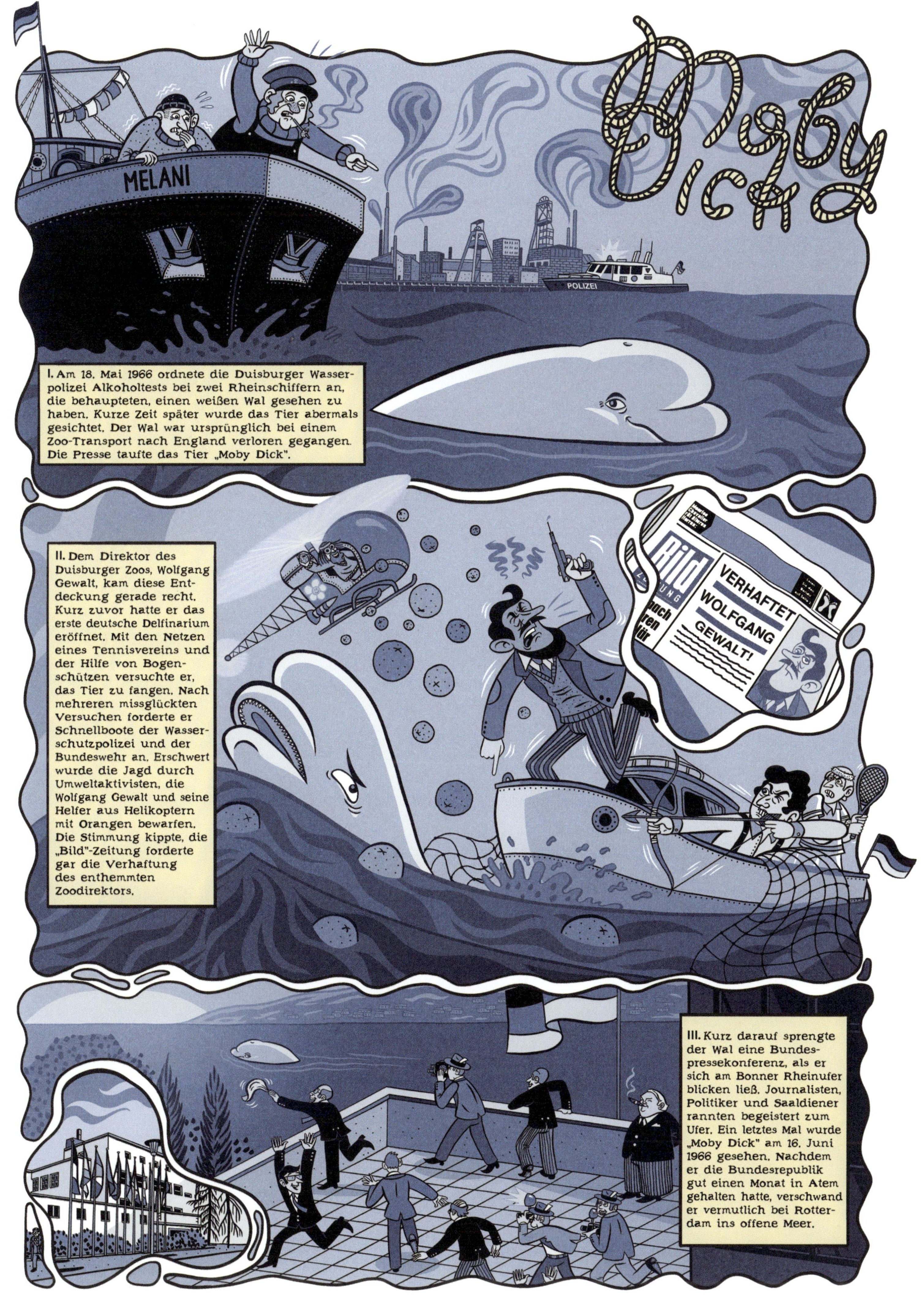
Moby Dick
MELANI
POLIZEI
I. Am 18. Mai 1966 ordnete die Duisburger Wasserpolizei Alkoholtests bei zwei Rheinschiffern an, die behaupteten, einen weißen Wal gesehen zu haben. Kurze Zeit später wurde das Tier abermals gesichtet. Der Wal war ursprünglich bei einem Zoo-Transport nach England verloren gegangen. Die Presse taufte das Tier „Moby Dick".
II. Dem Direktor des Duisburger Zoos, Wolfgang Gewalt, kam diese Entdeckung gerade recht. Kurz zuvor hatte er das erste deutsche Delfinarium eröffnet. Mit den Netzen eines Tennisvereins und der Hilfe von Bogenschützen versuchte er, das Tier zu fangen. Nach mehreren missglückten Versuchen forderte er Schnellboote der Wasserschutzpolizei und der Bundeswehr an. Erschwert wurde die Jagd durch Umweltaktivisten, die Wolfgang Gewalt und seine Helfer aus Helikoptern mit Orangen bewarfen. Die Stimmung kippte, die „Bild"-Zeitung forderte gar die Verhaftung des enthemmten Zoodirektors.
Bild
VERHAFTET WOLFGANG GEWALT!
III. Kurz darauf sprengte der Wal eine Bundespressekonferenz, als er sich am Bonner Rheinufer blicken ließ. Journalisten, Politiker und Saaldiener rannten begeistert zum Ufer. Ein letztes Mal wurde „Moby Dick" am 16. Juni 1966 gesehen. Nachdem er die Bundesrepublik gut einen Monat in Atem gehalten hatte, verschwand er vermutlich bei Rotterdam ins offene Meer.

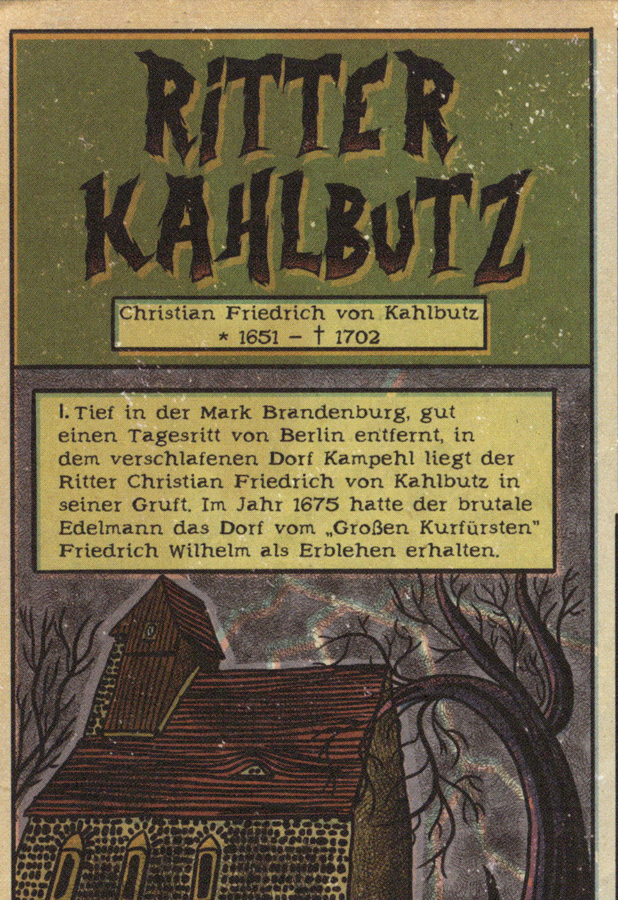

RITTER KAHLBUTZ
Christian Friedrich von Kahlbutz
* 1651 – † 1702
I. Tief in der Mark Brandenburg, gut einen Tagesritt von Berlin entfernt, in dem verschlafenen Dorf Kampehl liegt der Ritter Christian Friedrich von Kahlbutz in seiner Gruft. Im Jahr 1675 hatte der brutale Edelmann das Dorf vom „Großen Kurfürsten" Friedrich Wilhelm als Erblehen erhalten.

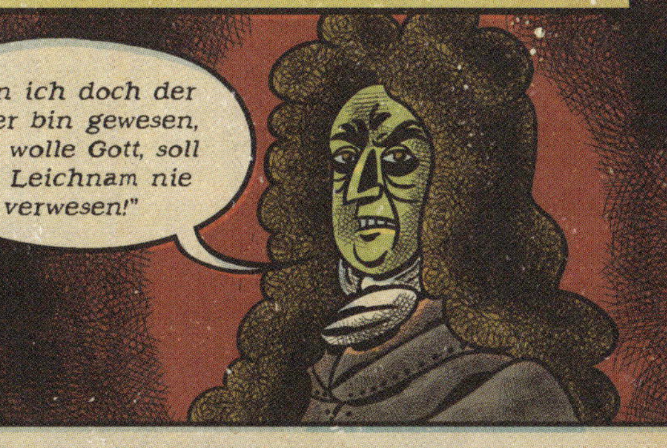

II. 1690 beschuldigte man den Ritter Kahlbutz, einen Schäfer ermordet zu haben, da dessen Verlobte ihm das „Recht der ersten Nacht" verwehrt hatte. Ein Gericht sprach ihn jedoch aus Mangel an Beweisen frei.
"Wenn ich doch der Mörder bin gewesen, dann wolle Gott, soll mein Leichnam nie verwesen!"

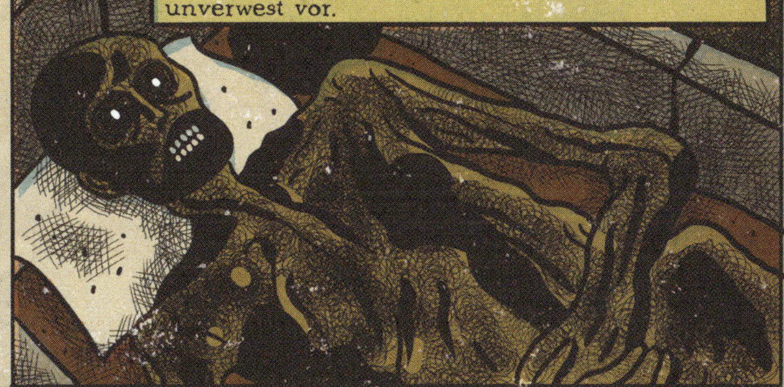

III. Zwölf Jahre später starb der Ritter Kahlbutz an einem Blutsturz und wurde in der Dorfkirche beigesetzt. Als man sein Grab 1794 bei Umbauten öffnete, fand man seine fast 100 Jahre alte Leiche unverwest vor.

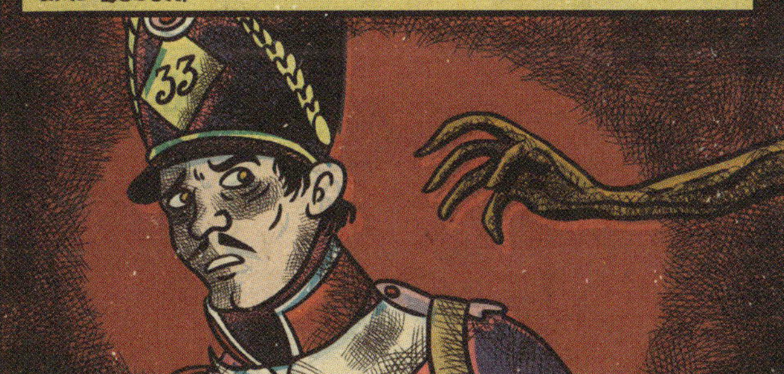

IV. Theodor Fontane berichtet, wie die Mumie in der Folge zu spuken begann. Mehrere napoleonische Soldaten, die sich mit dem Leichnam Schabernack erlaubt hatten, kamen unter mysteriösen Umständen ums Leben.
33

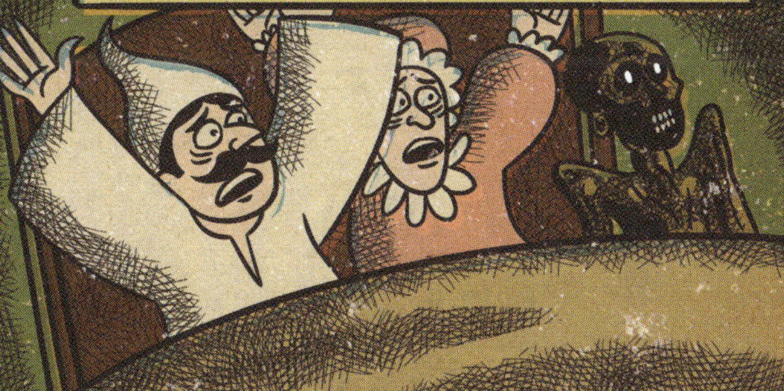

V. Die Dorfbewohner hingegen hatten über die Jahrhunderte ihren Spaß mit dem toten Ritter. So wurde er zum Beispiel immer wieder Jungvermählten in der Hochzeitsnacht ins Ehebett gelegt.

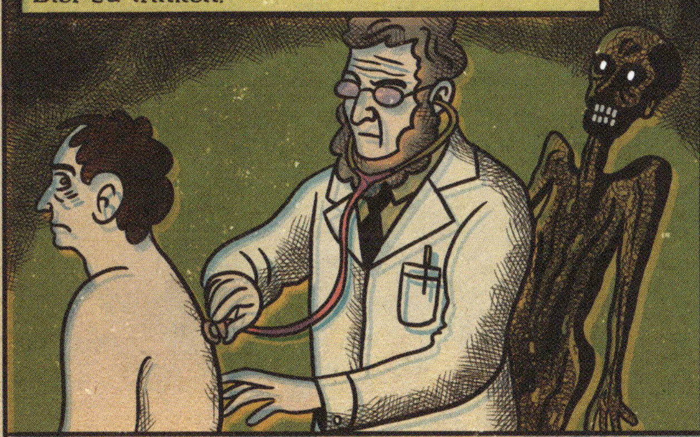

VI. Anfang des 20. Jahrhunderts wurde Ritter Kahlbutz in einer Arztpraxis ausgestellt. Später stahlen Studenten seine Stiefel, um daraus Bier zu trinken.

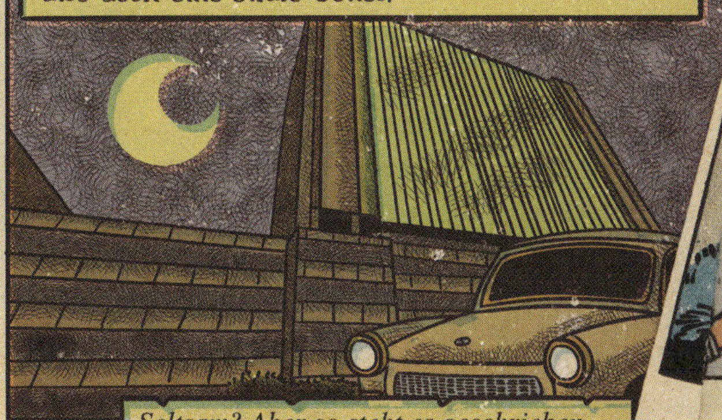

VII. In den Achtzigerjahren wurde der Ritter nach Ost-Berlin gebracht, um in der Charité das Geheimnis seiner Mumifizierung zu lüften. Bis heute gibt es keine schlüssige Erklärung. Vielleicht war es also doch eine Strafe Gottes.
Seltsam? Aber so steht es geschrieben …

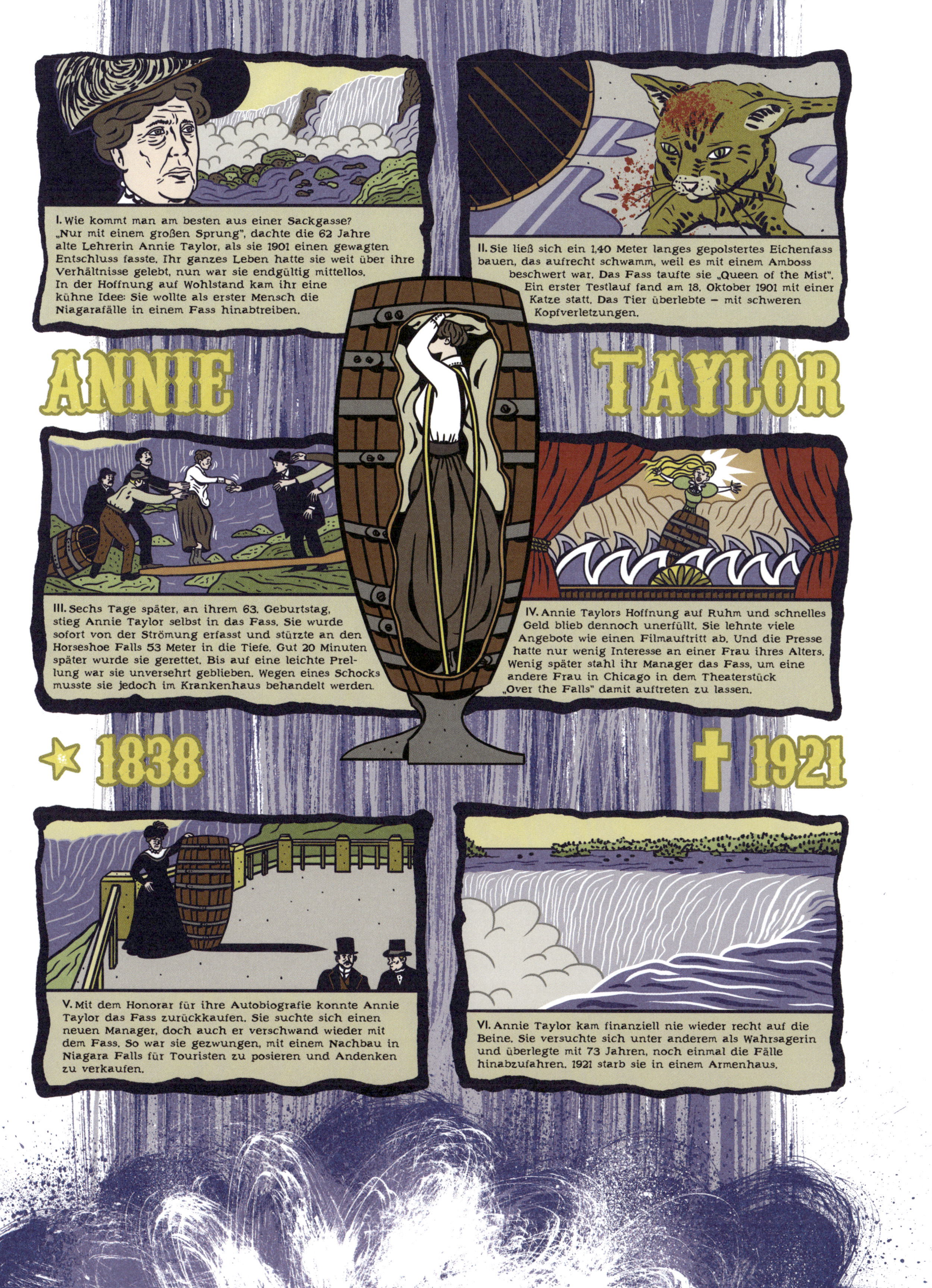
I. Wie kommt man am besten aus einer Sackgasse? „Nur mit einem großen Sprung", dachte die 62 Jahre alte Lehrerin Annie Taylor, als sie 1901 einen gewagten Entschluss fasste. Ihr ganzes Leben hatte sie weit über ihre Verhältnisse gelebt, nun war sie endgültig mittellos. In der Hoffnung auf Wohlstand kam ihr eine kühne Idee: Sie wollte als erster Mensch die Niagarafälle in einem Fass hinabtreiben.
II. Sie ließ sich ein 1,40 Meter langes gepolstertes Eichenfass bauen, das aufrecht schwamm, weil es mit einem Amboss beschwert war. Das Fass taufte sie „Queen of the Mist". Ein erster Testlauf fand am 18. Oktober 1901 mit einer Katze statt. Das Tier überlebte – mit schweren Kopfverletzungen.
ANNIE TAYLOR
III. Sechs Tage später, an ihrem 63. Geburtstag, stieg Annie Taylor selbst in das Fass. Sie wurde sofort von der Strömung erfasst und stürzte an den Horseshoe Falls 53 Meter in die Tiefe. Gut 20 Minuten später wurde sie gerettet. Bis auf eine leichte Prellung war sie unversehrt geblieben. Wegen eines Schocks musste sie jedoch im Krankenhaus behandelt werden.
IV. Annie Taylors Hoffnung auf Ruhm und schnelles Geld blieb dennoch unerfüllt. Sie lehnte viele Angebote wie einen Filmauftritt ab. Und die Presse hatte nur wenig Interesse an einer Frau ihres Alters. Wenig später stahl ihr Manager das Fass, um eine andere Frau in Chicago in dem Theaterstück „Over the Falls" damit auftreten zu lassen.
★ 1838 † 1921
V. Mit dem Honorar für ihre Autobiografie konnte Annie Taylor das Fass zurückkaufen. Sie suchte sich einen neuen Manager, doch auch er verschwand wieder mit dem Fass. So war sie gezwungen, mit einem Nachbau in Niagara Falls für Touristen zu posieren und Andenken zu verkaufen.
VI. Annie Taylor kam finanziell nie wieder recht auf die Beine. Sie versuchte sich unter anderem als Wahrsagerin und überlegte mit 73 Jahren, noch einmal die Fälle hinabzufahren. 1921 starb sie in einem Armenhaus.

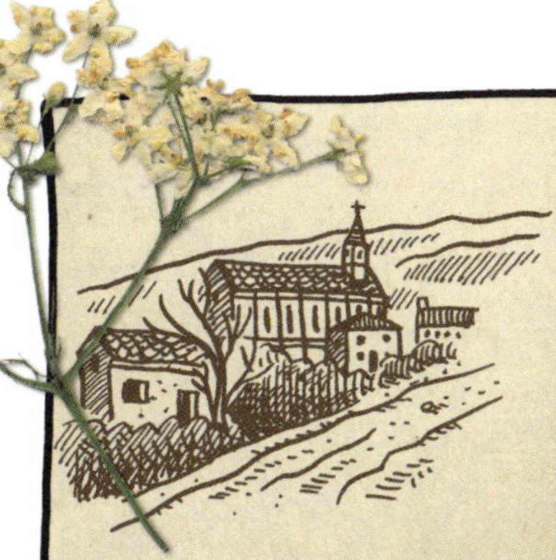

I. Vieles im Leben von Jeanne Baret liegt bis heute im Dunkeln. Sicher ist nur, dass sie in einem kleinen Dorf im Burgund als Tochter eines Tagelöhners das Licht der Welt erblickte und schon früh verwaiste. Trotz ihrer Herkunft gelangte sie jedoch zu einer gewissen Bildung, eventuell weil sie sich schon in jungen Jahren immer wieder als Mann ausgab.

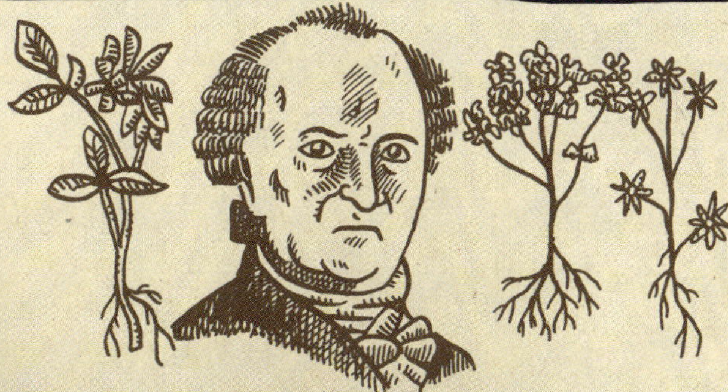

II. Um 1760 wurde sie Haushälterin des anerkannten Botanikers Philibert Commerçon, dem sie nach Paris folgte. Es wird vermutet, dass Baret 1764 ein illegitimes Kind Commerçons zur Welt brachte.

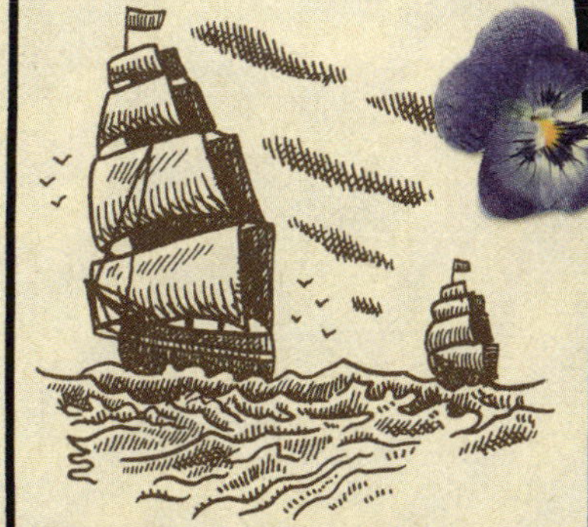

III. Ein Jahr später wurde Commerçon von Louis de Bougainville beauftragt, ihn bei einer Weltumsegelung zu begleiten. Auch Jeanne Baret wollte sich der Expedition anschließen. Da es Frauen jedoch untersagt war, auf französischen Schiffen zu dienen, verkleidete sie sich wieder als Mann. Als Commerçons Kammerdiener *Jean Baré* stach sie 1766 mit in See.

Fleur de la Mer

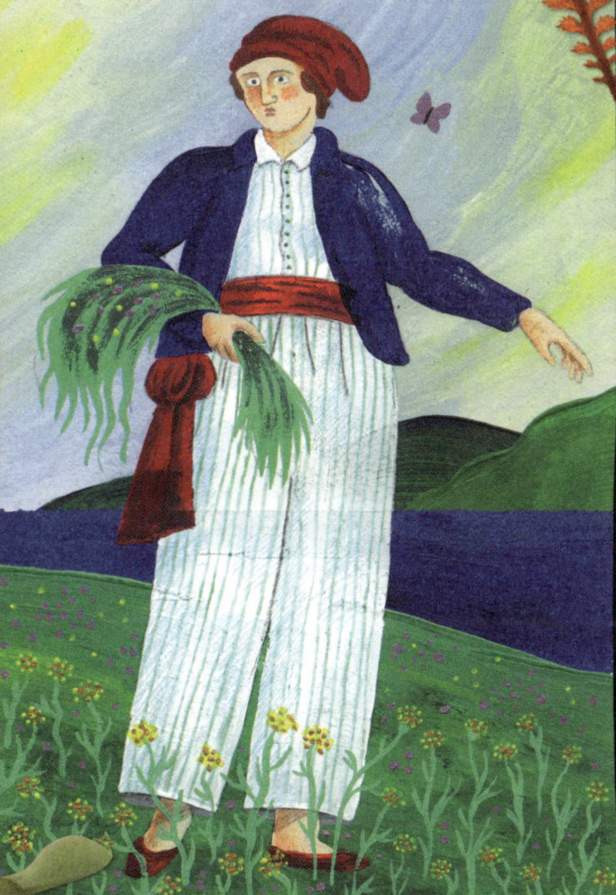

Jeanne Baret *1740 – †1807

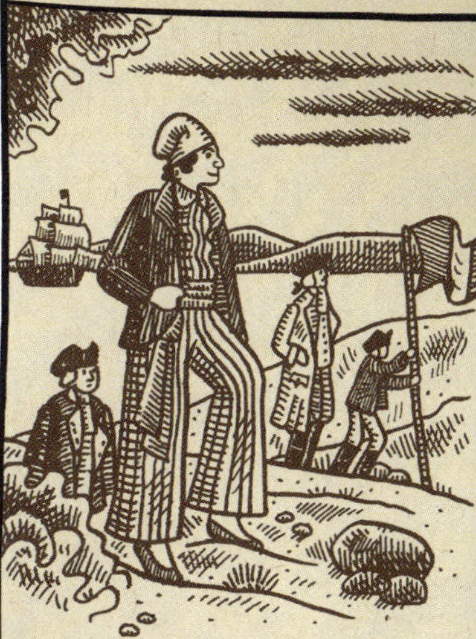

IV. Die ausgedehnte Reise machte Jeanne Baret zur ersten Frau, die die Welt umsegelte. Da Commerçon erkrankte, übernahm sie viele seiner Aufgaben. In Montevideo und Rio de Janeiro entdeckte sie unzählige Pflanzen und Samen, unter anderem die Bougainvillea, die Commerçon nach ihrem Expeditionsleiter benannte.

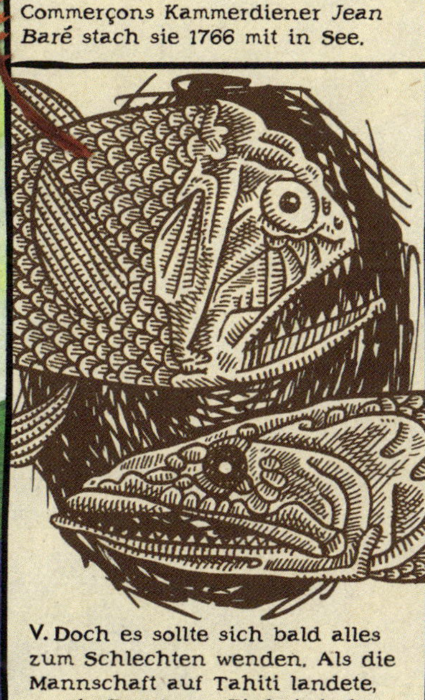

V. Doch es sollte sich bald alles zum Schlechten wenden. Als die Mannschaft auf Tahiti landete, wurde Baret von Einheimischen als Frau erkannt. Kurze Zeit später wurde sie Opfer einer Gruppenvergewaltigung durch ihre eigene Crew. Bougainville versuchte Baret und Commerçon daraufhin loszuwerden.

VI. 1768 gingen die beiden von Bord und ließen sich auf Mauritius nieder. Dort sammelten Baret und Commerçon in fünf Jahren mehr als 6000 Pflanzenarten und machten botanische Entdeckungen von großer Bedeutung.

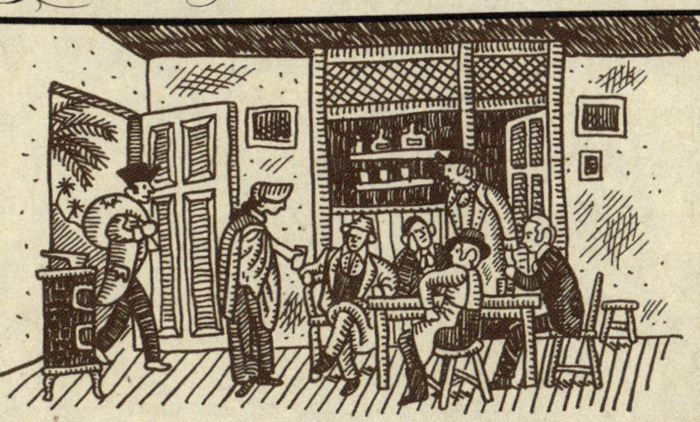

VII. Nach Commerçons plötzlichem Tod 1773 eröffnete Jeanne Baret eine Taverne in Port Louis und heiratete einen Soldaten. Einige Jahre später ging sie zurück nach Frankreich, wo sie nicht nur einen Teil von Commerçons Erbe, sondern, mit Bougainvilles Hilfe, auch eine hohe Pension von der französischen Marine erhielt.

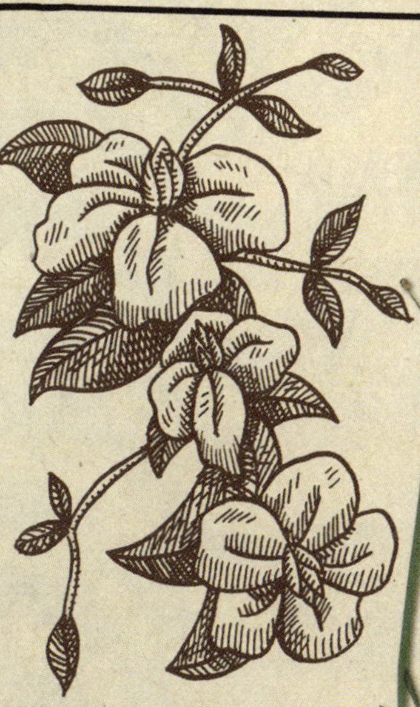

VIII. Ihr zu Ehren benannte man 2012 das in Ecuador und Peru beheimatete Nachtschattengewächs *Solanum baretiae*.

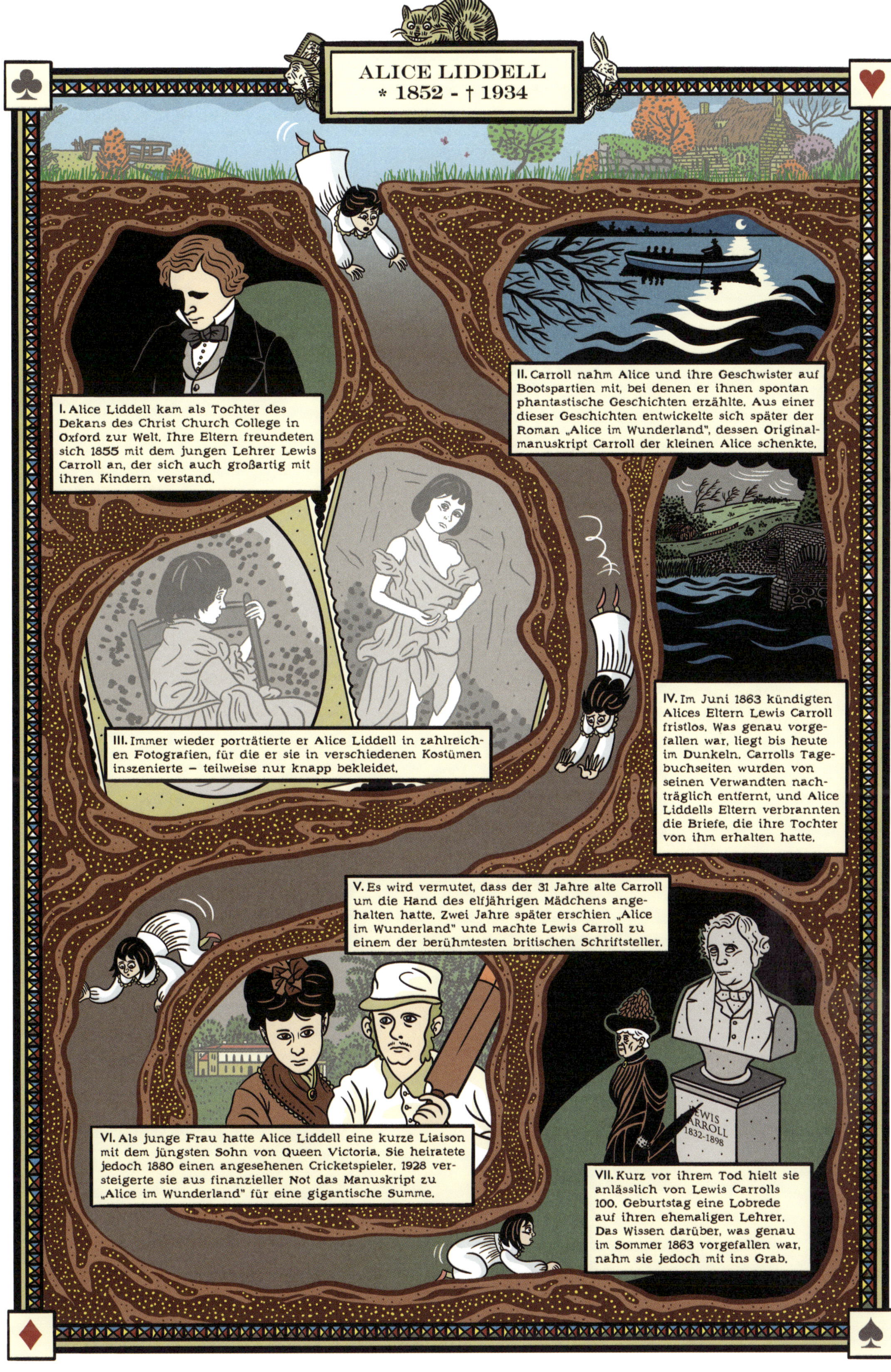

ALICE LIDDELL
* 1852 - † 1934
I. Alice Liddell kam als Tochter des Dekans des Christ Church College in Oxford zur Welt. Ihre Eltern freundeten sich 1855 mit dem jungen Lehrer Lewis Carroll an, der sich auch großartig mit ihren Kindern verstand.
II. Carroll nahm Alice und ihre Geschwister auf Bootspartien mit, bei denen er ihnen spontan phantastische Geschichten erzählte. Aus einer dieser Geschichten entwickelte sich später der Roman „Alice im Wunderland", dessen Originalmanuskript Carroll der kleinen Alice schenkte.
III. Immer wieder porträtierte er Alice Liddell in zahlreichen Fotografien, für die er sie in verschiedenen Kostümen inszenierte – teilweise nur knapp bekleidet.
IV. Im Juni 1863 kündigten Alices Eltern Lewis Carroll fristlos. Was genau vorgefallen war, liegt bis heute im Dunkeln. Carrolls Tagebuchseiten wurden von seinen Verwandten nachträglich entfernt, und Alice Liddells Eltern verbrannten die Briefe, die ihre Tochter von ihm erhalten hatte.
V. Es wird vermutet, dass der 31 Jahre alte Carroll um die Hand des elfjährigen Mädchens angehalten hatte. Zwei Jahre später erschien „Alice im Wunderland" und machte Lewis Carroll zu einem der berühmtesten britischen Schriftsteller.
VI. Als junge Frau hatte Alice Liddell eine kurze Liaison mit dem jüngsten Sohn von Queen Victoria. Sie heiratete jedoch 1880 einen angesehenen Cricketspieler. 1928 versteigerte sie aus finanzieller Not das Manuskript zu „Alice im Wunderland" für eine gigantische Summe.
EWIS
ARROLL
1832-1898
VII. Kurz vor ihrem Tod hielt sie anlässlich von Lewis Carrolls 100. Geburtstag eine Lobrede auf ihren ehemaligen Lehrer. Das Wissen darüber, was genau im Sommer 1863 vorgefallen war, nahm sie jedoch mit ins Grab.

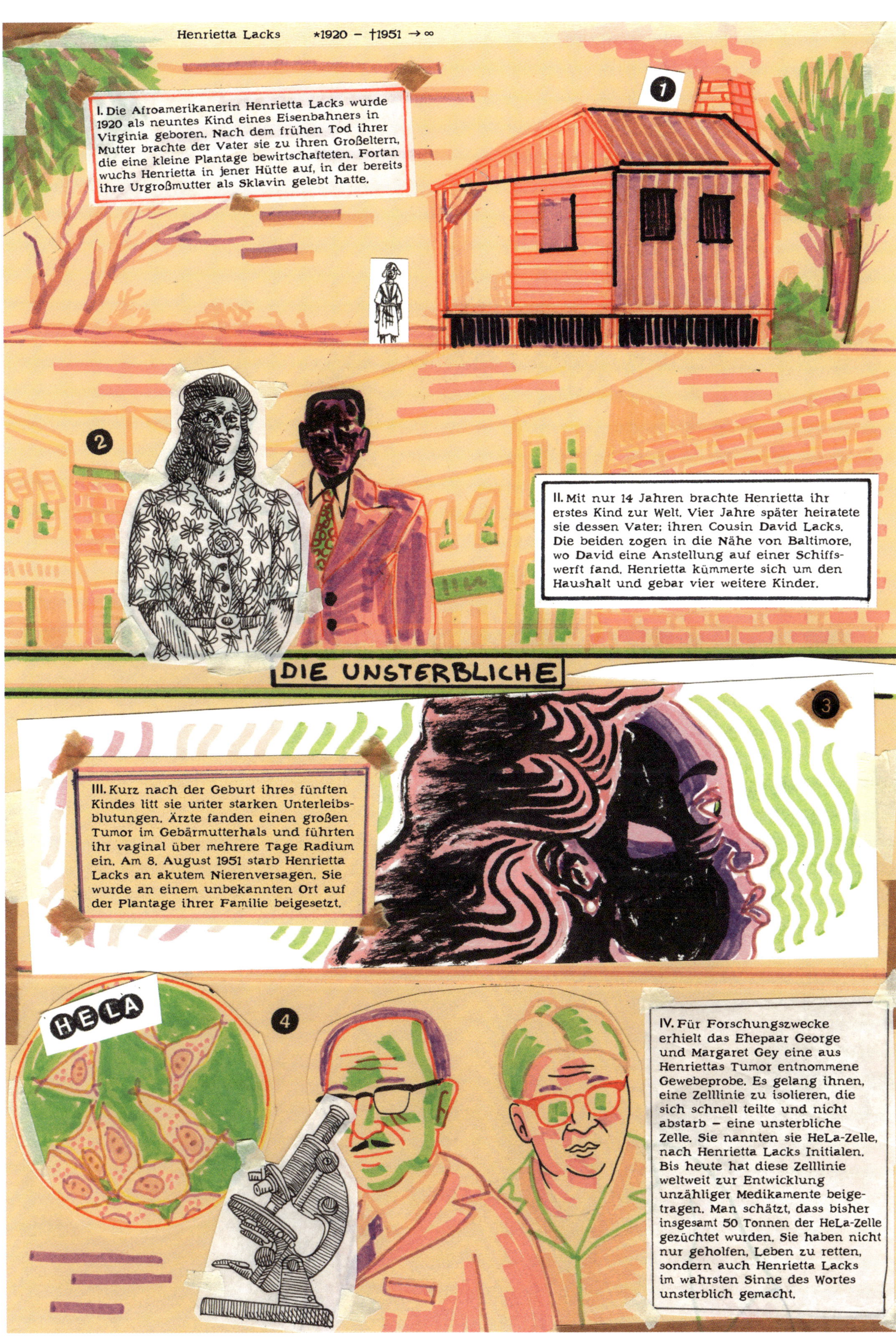

Henrietta Lacks *1920 – †1951 → ∞
1
I. Die Afroamerikanerin Henrietta Lacks wurde 1920 als neuntes Kind eines Eisenbahners in Virginia geboren. Nach dem frühen Tod ihrer Mutter brachte der Vater sie zu ihren Großeltern, die eine kleine Plantage bewirtschafteten. Fortan wuchs Henrietta in jener Hütte auf, in der bereits ihre Urgroßmutter als Sklavin gelebt hatte.
2
II. Mit nur 14 Jahren brachte Henrietta ihr erstes Kind zur Welt. Vier Jahre später heiratete sie dessen Vater: ihren Cousin David Lacks. Die beiden zogen in die Nähe von Baltimore, wo David eine Anstellung auf einer Schiffswerft fand. Henrietta kümmerte sich um den Haushalt und gebar vier weitere Kinder.
DIE UNSTERBLICHE
3
III. Kurz nach der Geburt ihres fünften Kindes litt sie unter starken Unterleibsblutungen. Ärzte fanden einen großen Tumor im Gebärmutterhals und führten ihr vaginal über mehrere Tage Radium ein. Am 8. August 1951 starb Henrietta Lacks an akutem Nierenversagen. Sie wurde an einem unbekannten Ort auf der Plantage ihrer Familie beigesetzt.
HELA
4
IV. Für Forschungszwecke erhielt das Ehepaar George und Margaret Gey eine aus Henriettas Tumor entnommene Gewebeprobe. Es gelang ihnen, eine Zelllinie zu isolieren, die sich schnell teilte und nicht abstarb – eine unsterbliche Zelle. Sie nannten sie HeLa-Zelle, nach Henrietta Lacks Initialen. Bis heute hat diese Zelllinie weltweit zur Entwicklung unzähliger Medikamente beigetragen. Man schätzt, dass bisher insgesamt 50 Tonnen der HeLa-Zelle gezüchtet wurden. Sie haben nicht nur geholfen, Leben zu retten, sondern auch Henrietta Lacks im wahrsten Sinne des Wortes unsterblich gemacht.

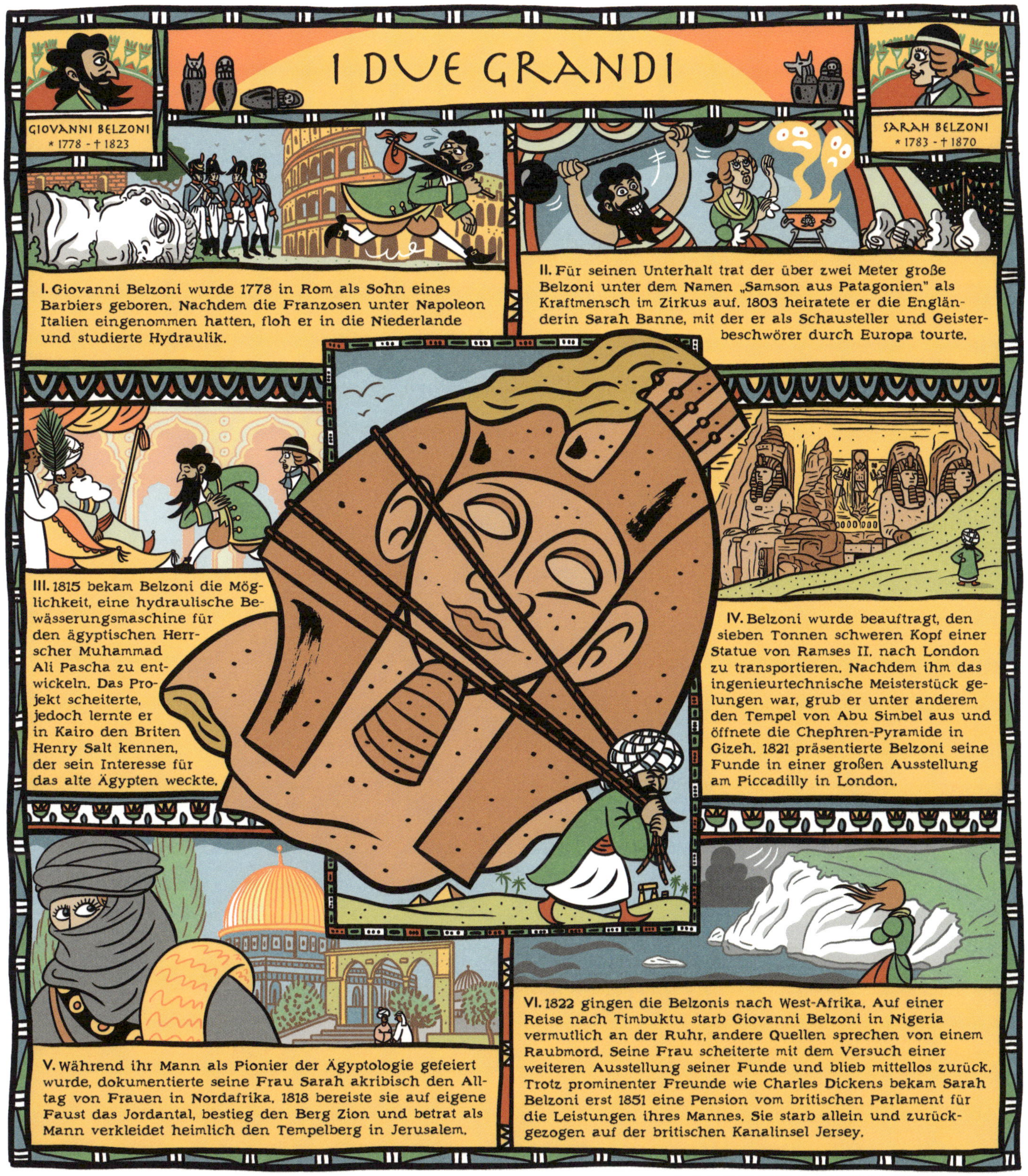

I DUE GRANDI

GIOVANNI BELZONI
* 1778 - † 1823

SARAH BELZONI
* 1783 - † 1870

I. Giovanni Belzoni wurde 1778 in Rom als Sohn eines Barbiers geboren. Nachdem die Franzosen unter Napoleon Italien eingenommen hatten, floh er in die Niederlande und studierte Hydraulik.

II. Für seinen Unterhalt trat der über zwei Meter große Belzoni unter dem Namen „Samson aus Patagonien" als Kraftmensch im Zirkus auf. 1803 heiratete er die Engländerin Sarah Banne, mit der er als Schausteller und Geisterbeschwörer durch Europa tourte.

III. 1815 bekam Belzoni die Möglichkeit, eine hydraulische Bewässerungsmaschine für den ägyptischen Herrscher Muhammad Ali Pascha zu entwickeln. Das Projekt scheiterte, jedoch lernte er in Kairo den Briten Henry Salt kennen, der sein Interesse für das alte Ägypten weckte.

IV. Belzoni wurde beauftragt, den sieben Tonnen schweren Kopf einer Statue von Ramses II. nach London zu transportieren. Nachdem ihm das ingenieurtechnische Meisterstück gelungen war, grub er unter anderem den Tempel von Abu Simbel aus und öffnete die Chephren-Pyramide in Gizeh. 1821 präsentierte Belzoni seine Funde in einer großen Ausstellung am Piccadilly in London.

V. Während ihr Mann als Pionier der Ägyptologie gefeiert wurde, dokumentierte seine Frau Sarah akribisch den Alltag von Frauen in Nordafrika. 1818 bereiste sie auf eigene Faust das Jordantal, bestieg den Berg Zion und betrat als Mann verkleidet heimlich den Tempelberg in Jerusalem.

VI. 1822 gingen die Belzonis nach West-Afrika. Auf einer Reise nach Timbuktu starb Giovanni Belzoni in Nigeria vermutlich an der Ruhr, andere Quellen sprechen von einem Raubmord. Seine Frau scheiterte mit dem Versuch einer weiteren Ausstellung seiner Funde und blieb mittellos zurück. Trotz prominenter Freunde wie Charles Dickens bekam Sarah Belzoni erst 1851 eine Pension vom britischen Parlament für die Leistungen ihres Mannes. Sie starb allein und zurückgezogen auf der britischen Kanalinsel Jersey.

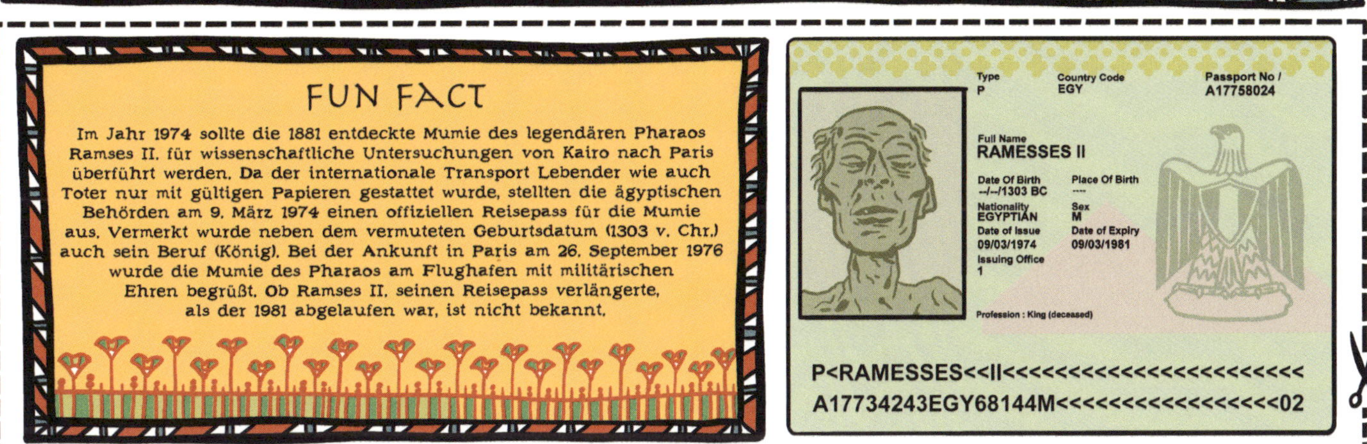

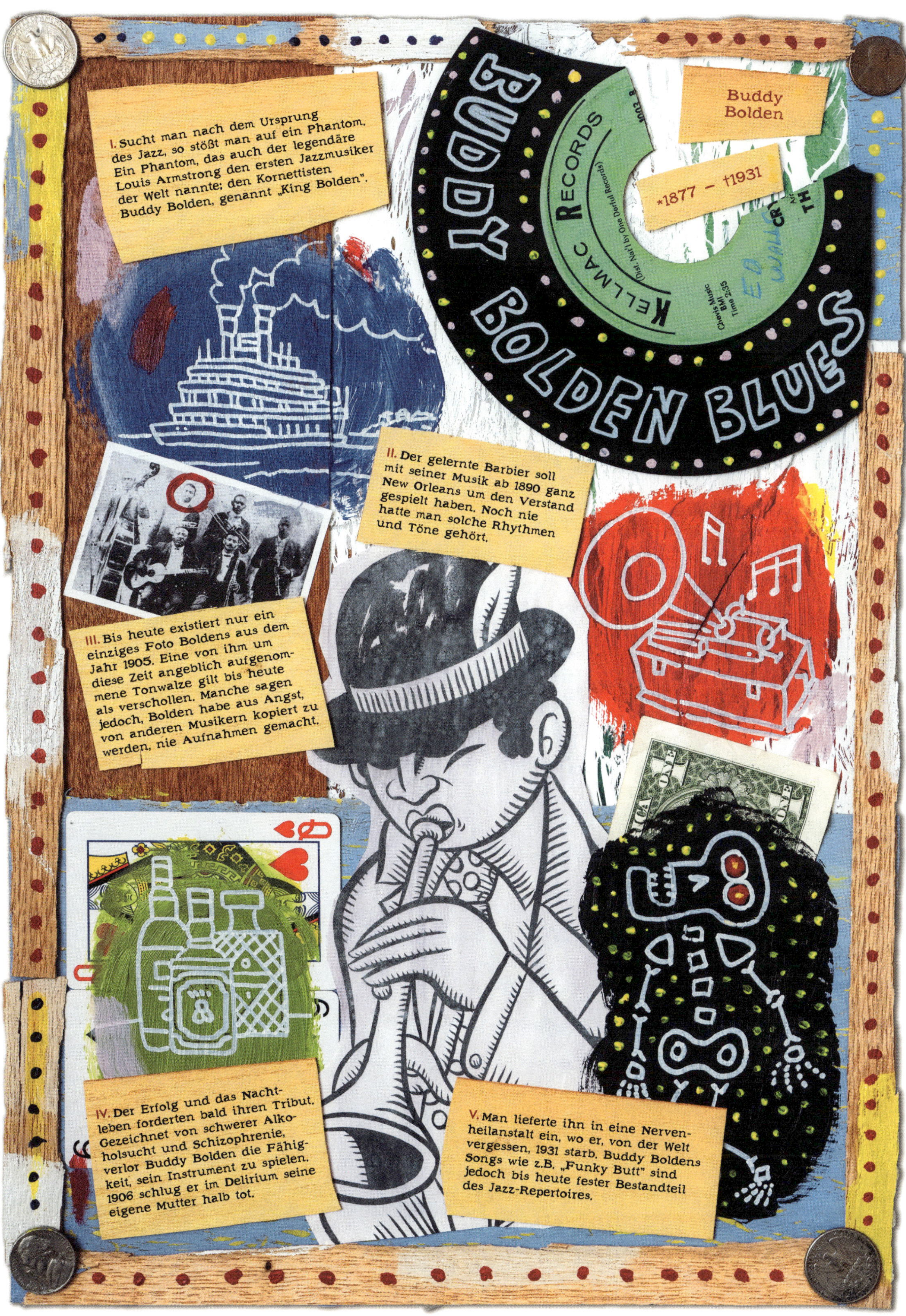
I. Sucht man nach dem Ursprung des Jazz, so stößt man auf ein Phantom. Ein Phantom, das auch der legendäre Louis Armstrong den ersten Jazzmusiker der Welt nannte: den Kornettisten Buddy Bolden, genannt „King Bolden".
BUDDY BOLDEN BLUES
KELLMAC RECORDS
(Dist. Nat'l by One Derful Records)
Chevis Music BMI Time 2:35
Buddy Bolden
*1877 – †1931
II. Der gelernte Barbier soll mit seiner Musik ab 1890 ganz New Orleans um den Verstand gespielt haben. Noch nie hatte man solche Rhythmen und Töne gehört.
III. Bis heute existiert nur ein einziges Foto Boldens aus dem Jahr 1905. Eine von ihm um diese Zeit angeblich aufgenommene Tonwalze gilt bis heute als verschollen. Manche sagen jedoch, Bolden habe aus Angst, von anderen Musikern kopiert zu werden, nie Aufnahmen gemacht.
IV. Der Erfolg und das Nachtleben forderten bald ihren Tribut. Gezeichnet von schwerer Alkoholsucht und Schizophrenie, verlor Buddy Bolden die Fähigkeit, sein Instrument zu spielen. 1906 schlug er im Delirium seine eigene Mutter halb tot.
V. Man lieferte ihn in eine Nervenheilanstalt ein, wo er, von der Welt vergessen, 1931 starb. Buddy Boldens Songs wie z.B. „Funky Butt" sind jedoch bis heute fester Bestandteil des Jazz-Repertoires.

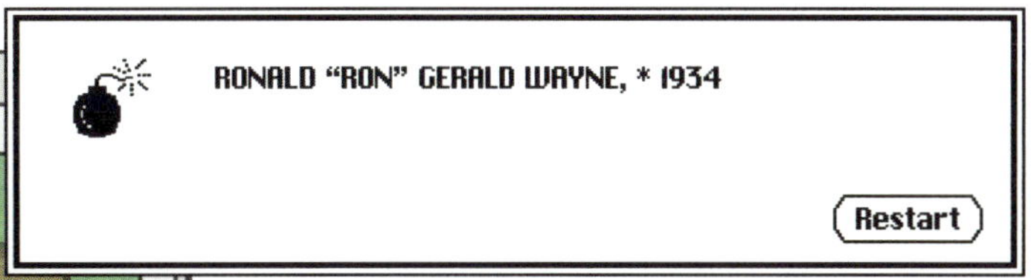

Ron Wayne Panel 1

1 item, Vita Obscura

RONALD "RON" GERALD WAYNE, * 1934

Restart

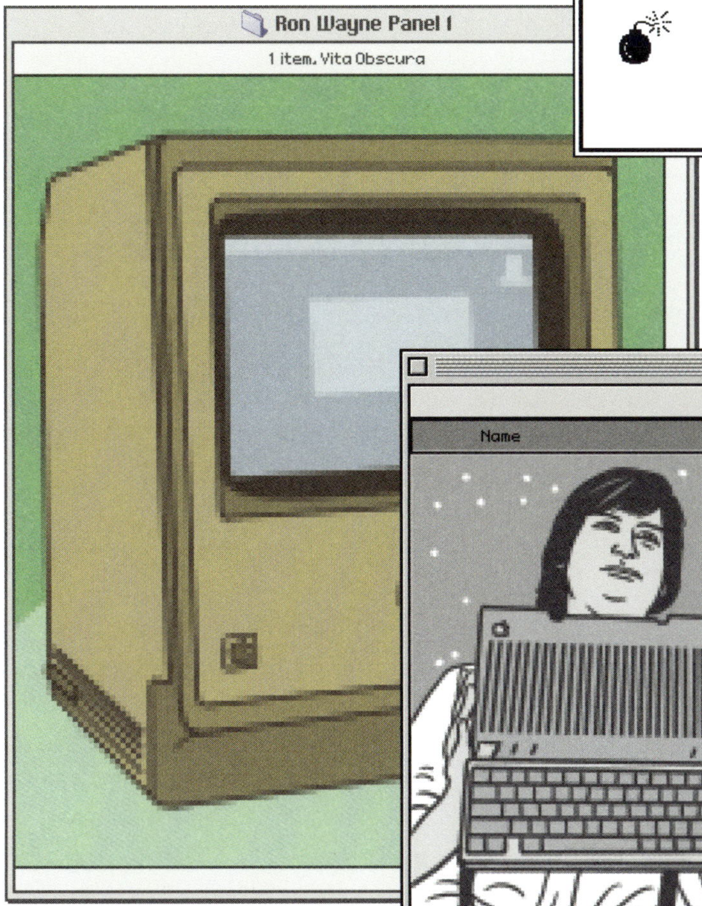

I. Am 1. April 1976 gründete Ron Wayne mit Steve Jobs und Steve Wozniak die Firma Apple. Schon elf Tage später glaubte er, einen großen Fehler begangen zu haben, als er seinen vorherigen Job als Ingenieur bei Atari gekündigt hatte.

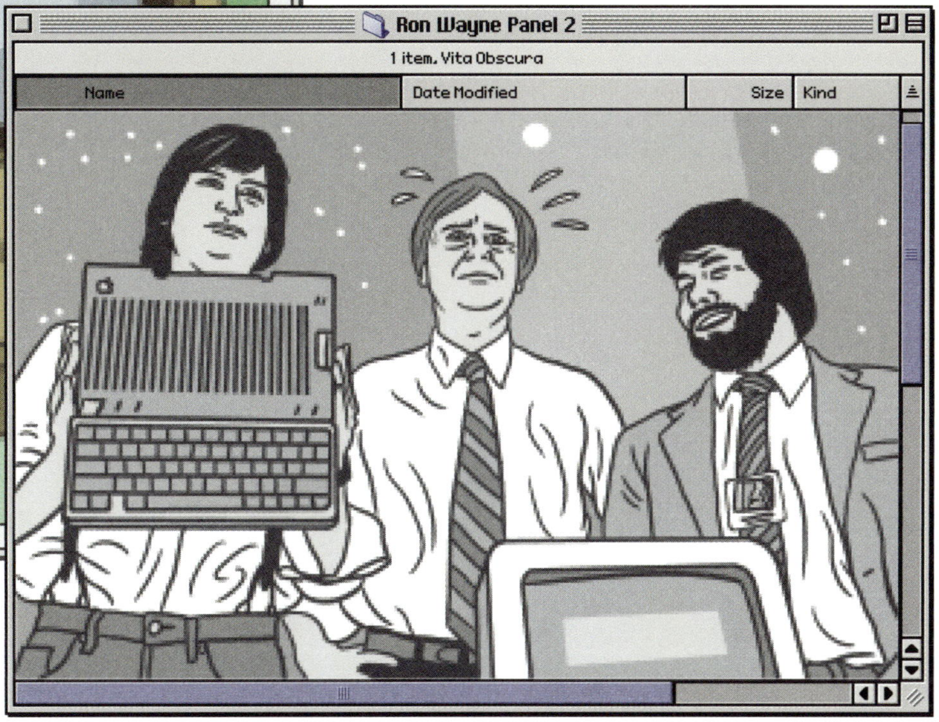

Ron Wayne Panel 2

1 item, Vita Obscura

Name	Date Modified	Size	Kind

II. Wayne hatte das erste Firmenlogo und das Handbuch für den „Apple 1" entwickelt. Schon zweimal war er mit anderen Start-ups pleitegegangen. Da er nur wenig Vertrauen in seine wesentlich jüngeren Geschäftspartner hatte, gab er schon kurz nach der Gründung seine Anteile von zehn Prozent für 800 Dollar an Jobs und Wozniak zurück. Ron Wayne ging zurück zu Atari.

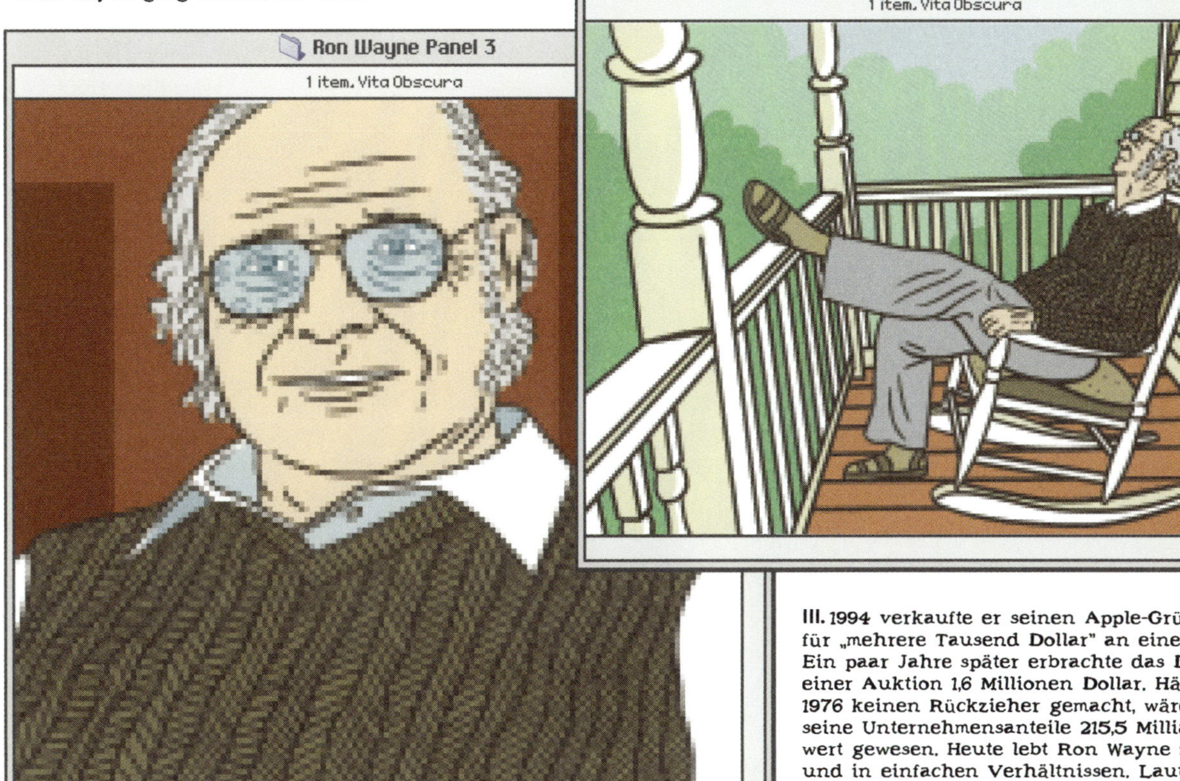

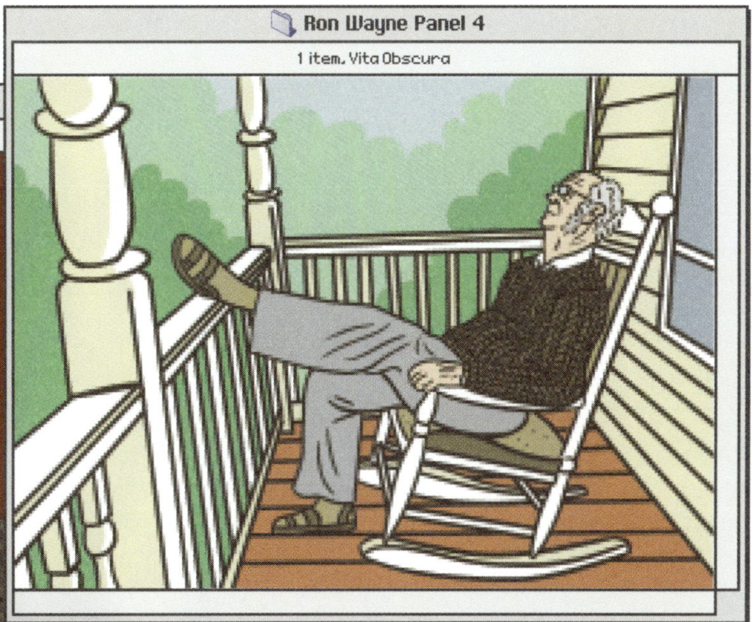

III. 1994 verkaufte er seinen Apple-Gründungsvertrag für „mehrere Tausend Dollar" an einen Geschäftsmann. Ein paar Jahre später erbrachte das Dokument bei einer Auktion 1,6 Millionen Dollar. Hätte Ron Wayne 1976 keinen Rückzieher gemacht, wären im Jahr 2020 seine Unternehmensanteile 215,5 Milliarden Dollar wert gewesen. Heute lebt Ron Wayne zurückgezogen und in einfachen Verhältnissen. Laut eigenen Aussagen ist er glücklich und bereut seine Entscheidung nicht.

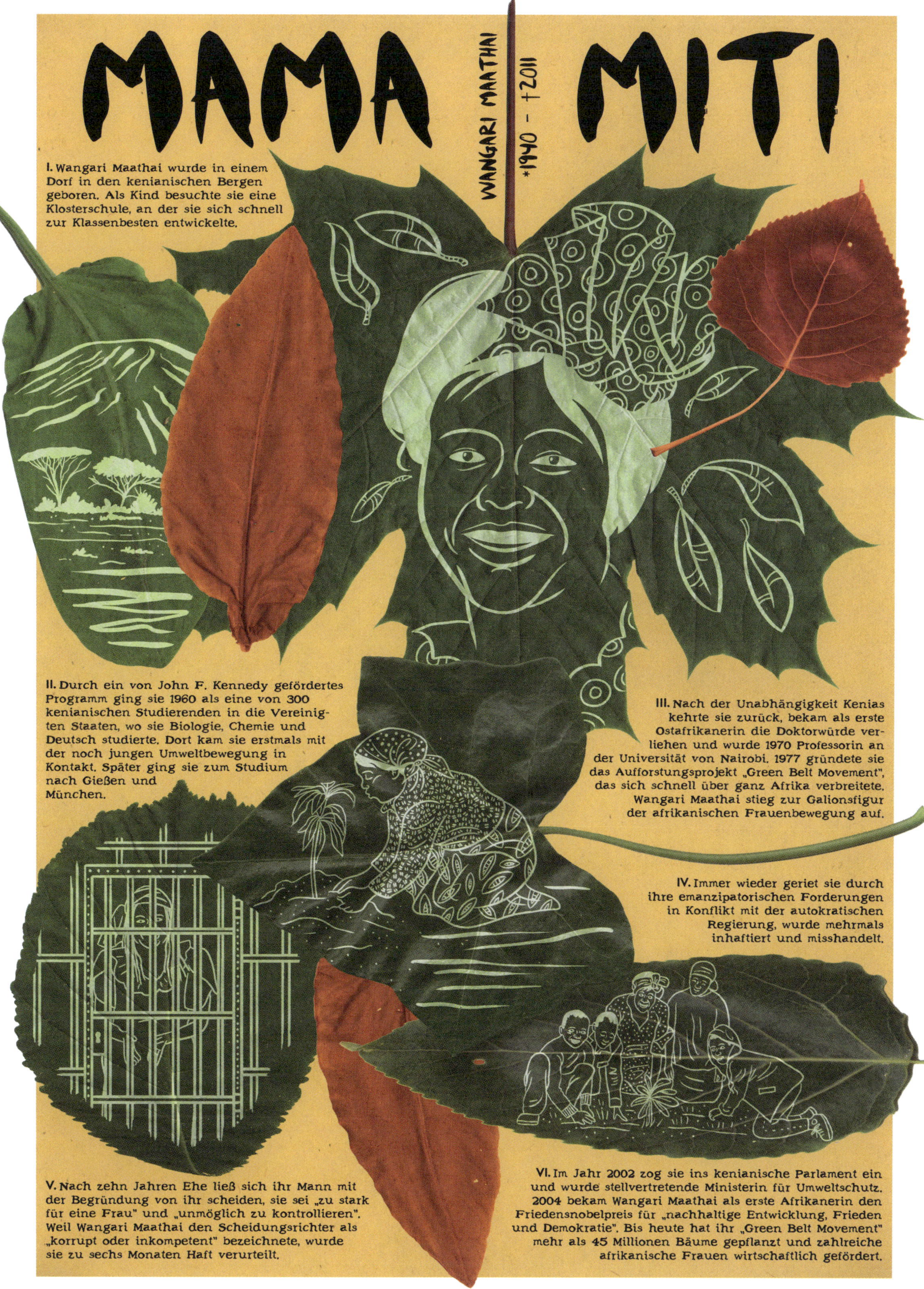

MAMA MITI

WANGARI MAATHAI
*1940 – †2011

I. Wangari Maathai wurde in einem Dorf in den kenianischen Bergen geboren. Als Kind besuchte sie eine Klosterschule, an der sie sich schnell zur Klassenbesten entwickelte.

II. Durch ein von John F. Kennedy gefördertes Programm ging sie 1960 als eine von 300 kenianischen Studierenden in die Vereinigten Staaten, wo sie Biologie, Chemie und Deutsch studierte. Dort kam sie erstmals mit der noch jungen Umweltbewegung in Kontakt. Später ging sie zum Studium nach Gießen und München.

III. Nach der Unabhängigkeit Kenias kehrte sie zurück, bekam als erste Ostafrikanerin die Doktorwürde verliehen und wurde 1970 Professorin an der Universität von Nairobi. 1977 gründete sie das Aufforstungsprojekt „Green Belt Movement", das sich schnell über ganz Afrika verbreitete. Wangari Maathai stieg zur Galionsfigur der afrikanischen Frauenbewegung auf.

IV. Immer wieder geriet sie durch ihre emanzipatorischen Forderungen in Konflikt mit der autokratischen Regierung, wurde mehrmals inhaftiert und misshandelt.

V. Nach zehn Jahren Ehe ließ sich ihr Mann mit der Begründung von ihr scheiden, sie sei „zu stark für eine Frau" und „unmöglich zu kontrollieren". Weil Wangari Maathai den Scheidungsrichter als „korrupt oder inkompetent" bezeichnete, wurde sie zu sechs Monaten Haft verurteilt.

VI. Im Jahr 2002 zog sie ins kenianische Parlament ein und wurde stellvertretende Ministerin für Umweltschutz. 2004 bekam Wangari Maathai als erste Afrikanerin den Friedensnobelpreis für „nachhaltige Entwicklung, Frieden und Demokratie". Bis heute hat ihr „Green Belt Movement" mehr als 45 Millionen Bäume gepflanzt und zahlreiche afrikanische Frauen wirtschaftlich gefördert.

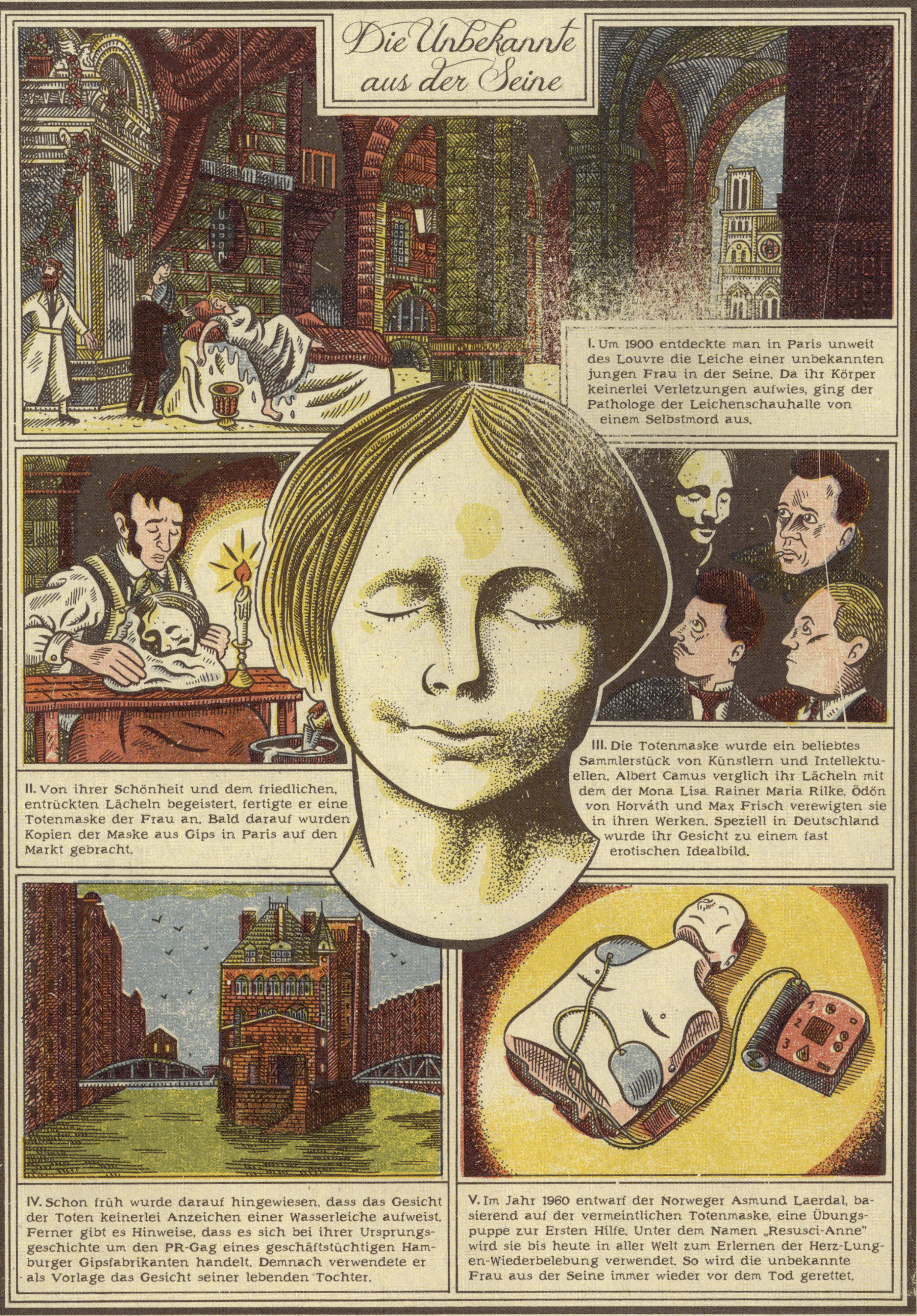
Die Unbekannte aus der Seine
I. Um 1900 entdeckte man in Paris unweit des Louvre die Leiche einer unbekannten jungen Frau in der Seine. Da ihr Körper keinerlei Verletzungen aufwies, ging der Pathologe der Leichenschauhalle von einem Selbstmord aus.
II. Von ihrer Schönheit und dem friedlichen, entrückten Lächeln begeistert, fertigte er eine Totenmaske der Frau an. Bald darauf wurden Kopien der Maske aus Gips in Paris auf den Markt gebracht.
III. Die Totenmaske wurde ein beliebtes Sammlerstück von Künstlern und Intellektuellen. Albert Camus verglich ihr Lächeln mit dem der Mona Lisa. Rainer Maria Rilke, Ödön von Horváth und Max Frisch verewigten sie in ihren Werken. Speziell in Deutschland wurde ihr Gesicht zu einem fast erotischen Idealbild.
IV. Schon früh wurde darauf hingewiesen, dass das Gesicht der Toten keinerlei Anzeichen einer Wasserleiche aufweist. Ferner gibt es Hinweise, dass es sich bei ihrer Ursprungsgeschichte um den PR-Gag eines geschäftstüchtigen Hamburger Gipsfabrikanten handelt. Demnach verwendete er als Vorlage das Gesicht seiner lebenden Tochter.
V. Im Jahr 1960 entwarf der Norweger Asmund Laerdal, basierend auf der vermeintlichen Totenmaske, eine Übungspuppe zur Ersten Hilfe. Unter dem Namen „Resusci-Anne" wird sie bis heute in aller Welt zum Erlernen der Herz-Lungen-Wiederbelebung verwendet. So wird die unbekannte Frau aus der Seine immer wieder vor dem Tod gerettet.

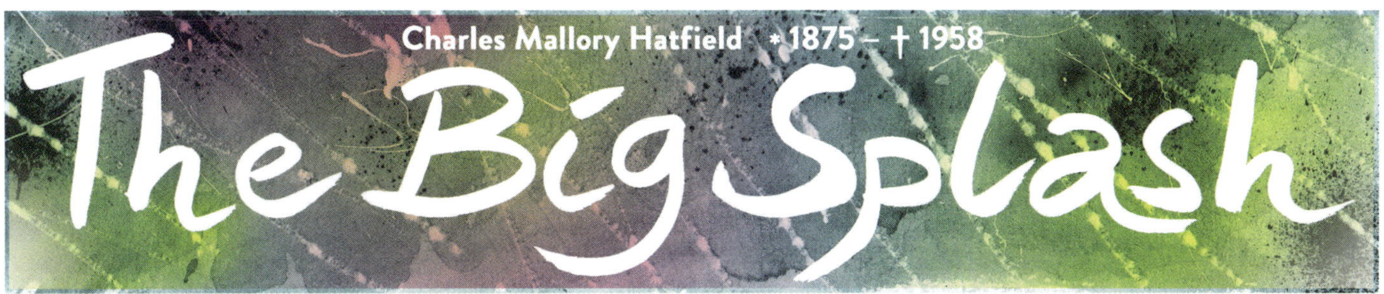

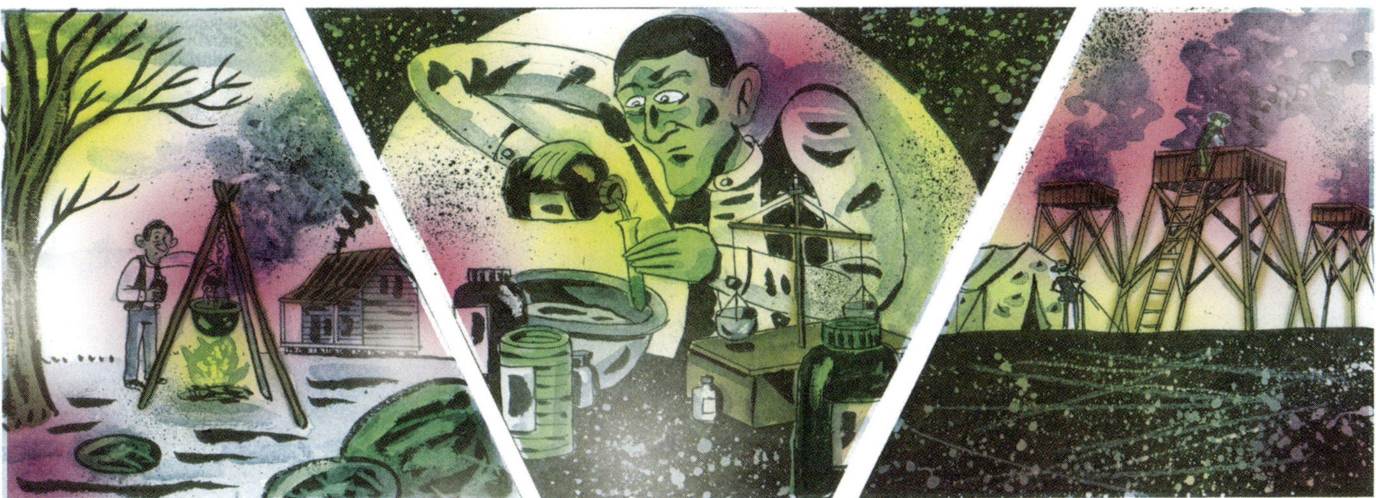

I. Charles Hatfield wurde als Sohn einer Quäker-Familie geboren. Schon früh interessierte er sich für Meteorologie. In der Hoffnung, damit Regen auslösen zu können, experimentierte er mit Chemikalien. Auch als Erwachsener ließ ihn das Thema nicht los. 1904 beauftragte ihn die Stadt Los Angeles tatsächlich damit, eine Trockenperiode zu beenden. Bereits zwei Tage nach Erhalt des Auftrags fiel der erste Regen. Hatfield wurde berühmt. 1915 bat ihn San Diego, für 10.000 Dollar das städtische Wasserreservoir vollregnen zu lassen. Zusammen mit seinem Bruder Joel baute Charles Hatfield seine Apparate in der Nähe des Reservoirs auf.

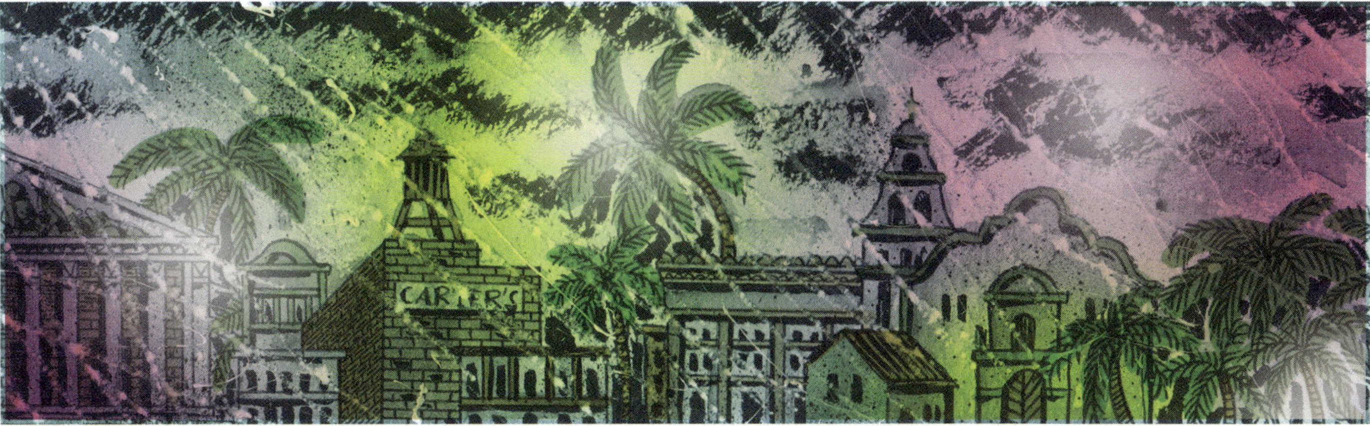

II. Fünf Tage später setzte der Regen ein, und nach weiteren fünf Tagen folgte Starkregen. Die Stadt versank im Wasser. Ganze Häuser, Brücken und Züge wurden weggespült. Nach fast vier Wochen Regen brachen zwei Talsperren und überfluteten die Stadt abermals. Bis zu 50 Menschen starben, der entstandene materielle Schaden war mit sechs Millionen Dollar gewaltig. Hatfield floh zunächst aus San Diego. Als er jedoch wenige Wochen später sein Honorar einforderte, jagte ihn der Stadtrat zum Teufel. 1938 entschied ein Gericht, dass es sich bei dem Regen um einen Akt Gottes gehandelt hatte. Damit war Charles Hatfield ohne Schuld, aber auch ohne Geld.

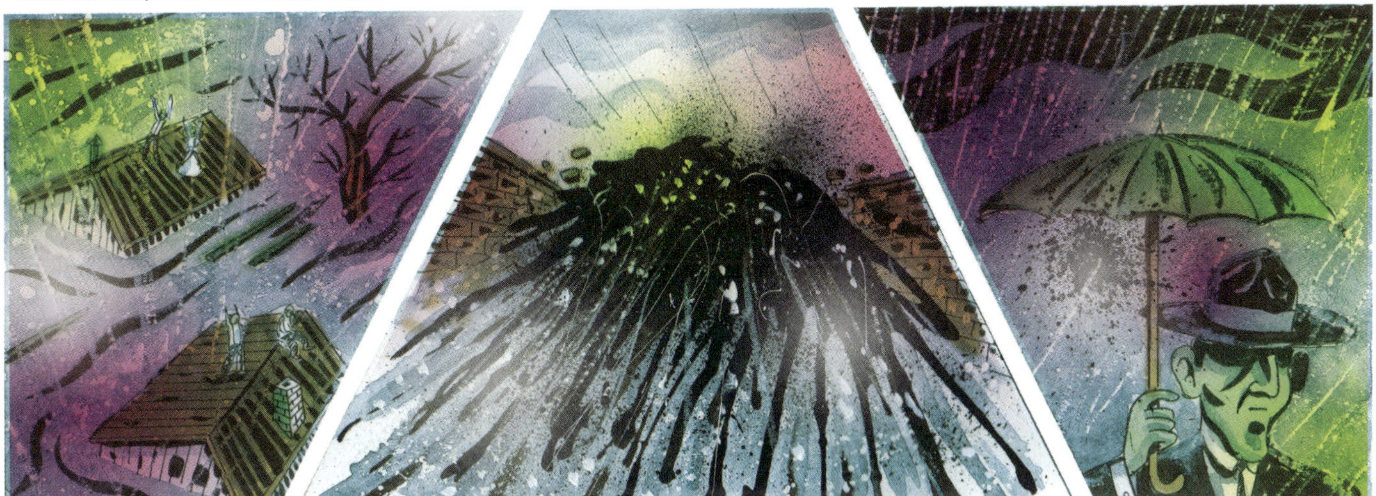

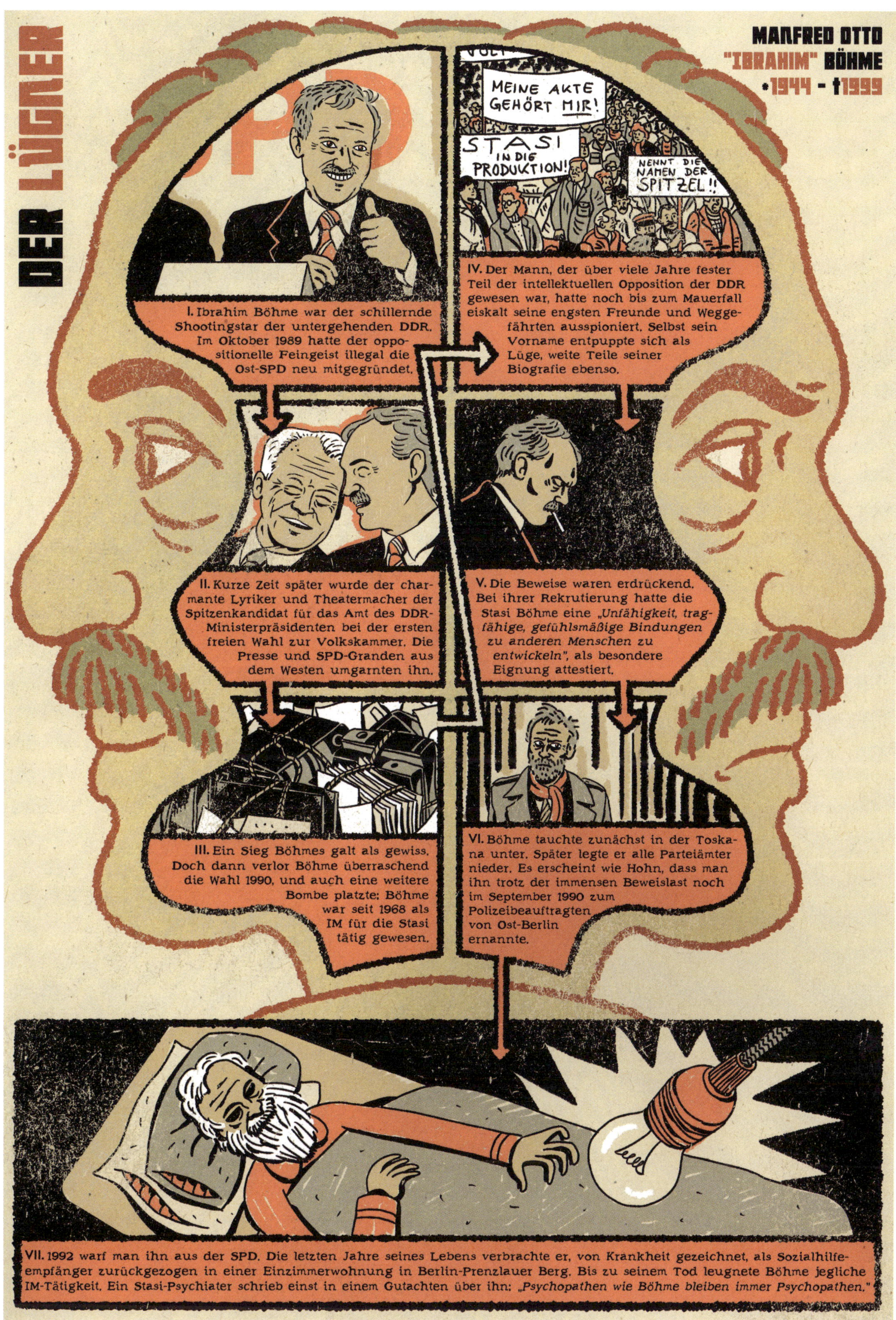
DER LÜGNER
MANFRED OTTO
"IBRAHIM" BÖHME
*1944 - †1999
I. Ibrahim Böhme war der schillernde Shootingstar der untergehenden DDR. Im Oktober 1989 hatte der oppositionelle Feingeist illegal die Ost-SPD neu mitgegründet.
II. Kurze Zeit später wurde der charmante Lyriker und Theatermacher der Spitzenkandidat für das Amt des DDR-Ministerpräsidenten bei der ersten freien Wahl zur Volkskammer. Die Presse und SPD-Granden aus dem Westen umgarnten ihn.
III. Ein Sieg Böhmes galt als gewiss. Doch dann verlor Böhme überraschend die Wahl 1990, und auch eine weitere Bombe platzte: Böhme war seit 1968 als IM für die Stasi tätig gewesen.
MEINE AKTE GEHÖRT MIR!
STASI IN DIE PRODUKTION!
NENNT DIE NAMEN DER SPITZEL!!
IV. Der Mann, der über viele Jahre fester Teil der intellektuellen Opposition der DDR gewesen war, hatte noch bis zum Mauerfall eiskalt seine engsten Freunde und Weggefährten ausspioniert. Selbst sein Vorname entpuppte sich als Lüge, weite Teile seiner Biografie ebenso.
V. Die Beweise waren erdrückend. Bei ihrer Rekrutierung hatte die Stasi Böhme eine *„Unfähigkeit, tragfähige, gefühlsmäßige Bindungen zu anderen Menschen zu entwickeln"*, als besondere Eignung attestiert.
VI. Böhme tauchte zunächst in der Toskana unter. Später legte er alle Parteiämter nieder. Es erscheint wie Hohn, dass man ihn trotz der immensen Beweislast noch im September 1990 zum Polizeibeauftragten von Ost-Berlin ernannte.
VII. 1992 warf man ihn aus der SPD. Die letzten Jahre seines Lebens verbrachte er, von Krankheit gezeichnet, als Sozialhilfeempfänger zurückgezogen in einer Einzimmerwohnung in Berlin-Prenzlauer Berg. Bis zu seinem Tod leugnete Böhme jegliche IM-Tätigkeit. Ein Stasi-Psychiater schrieb einst in einem Gutachten über ihn: *„Psychopathen wie Böhme bleiben immer Psychopathen."*

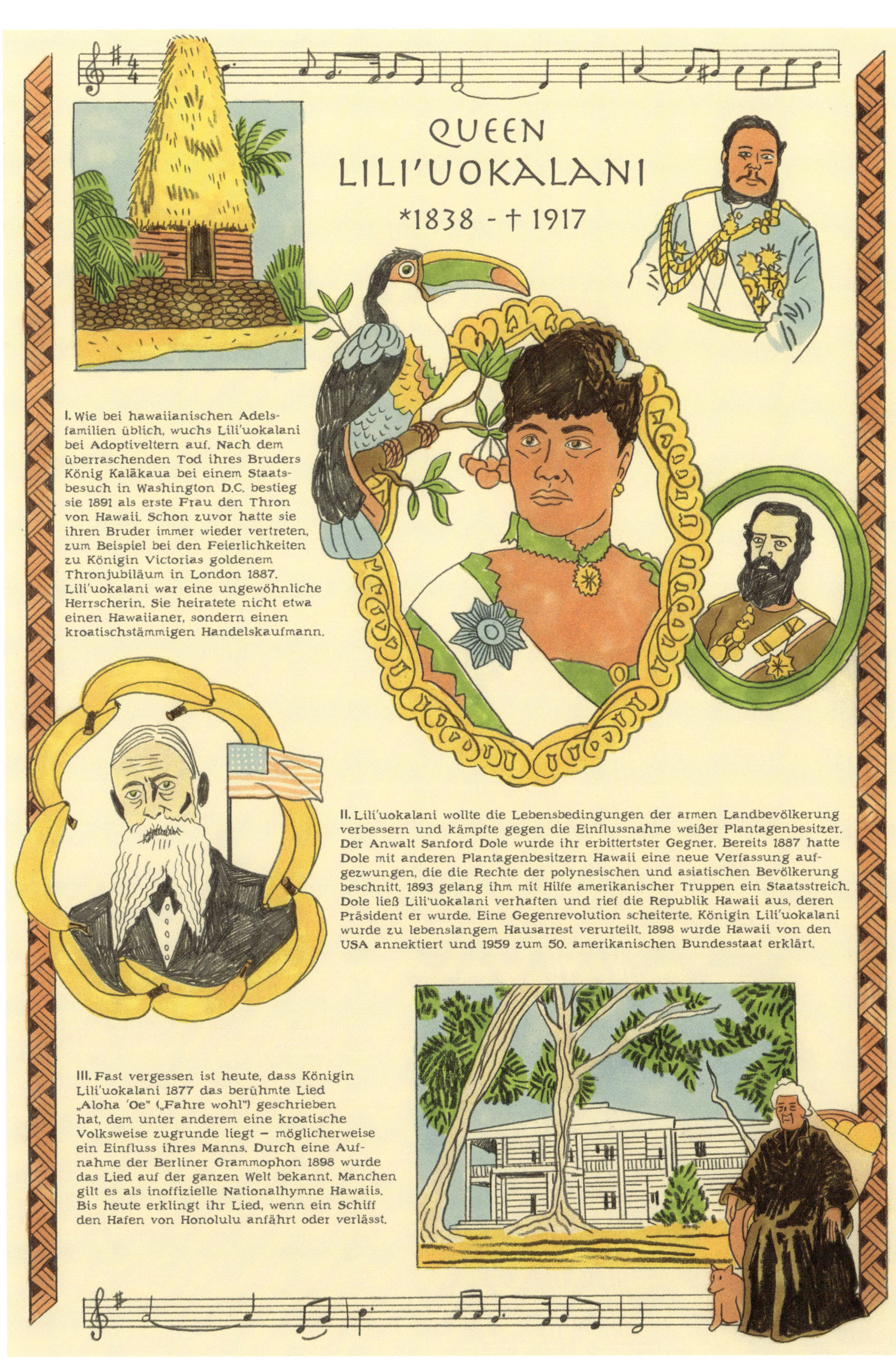

QUEEN LILI'UOKALANI

*1838 – † 1917

I. Wie bei hawaiianischen Adelsfamilien üblich, wuchs Lili'uokalani bei Adoptiveltern auf. Nach dem überraschenden Tod ihres Bruders König Kalākaua bei einem Staatsbesuch in Washington D.C. bestieg sie 1891 als erste Frau den Thron von Hawaii. Schon zuvor hatte sie ihren Bruder immer wieder vertreten, zum Beispiel bei den Feierlichkeiten zu Königin Victorias goldenem Thronjubiläum in London 1887. Lili'uokalani war eine ungewöhnliche Herrscherin. Sie heiratete nicht etwa einen Hawaiianer, sondern einen kroatischstämmigen Handelskaufmann.

II. Lili'uokalani wollte die Lebensbedingungen der armen Landbevölkerung verbessern und kämpfte gegen die Einflussnahme weißer Plantagenbesitzer. Der Anwalt Sanford Dole wurde ihr erbittertster Gegner. Bereits 1887 hatte Dole mit anderen Plantagenbesitzern Hawaii eine neue Verfassung aufgezwungen, die die Rechte der polynesischen und asiatischen Bevölkerung beschnitt. 1893 gelang ihm mit Hilfe amerikanischer Truppen ein Staatsstreich. Dole ließ Lili'uokalani verhaften und rief die Republik Hawaii aus, deren Präsident er wurde. Eine Gegenrevolution scheiterte. Königin Lili'uokalani wurde zu lebenslangem Hausarrest verurteilt. 1898 wurde Hawaii von den USA annektiert und 1959 zum 50. amerikanischen Bundesstaat erklärt.

III. Fast vergessen ist heute, dass Königin Lili'uokalani 1877 das berühmte Lied „Aloha 'Oe" („Fahre wohl") geschrieben hat, dem unter anderem eine kroatische Volksweise zugrunde liegt – möglicherweise ein Einfluss ihres Manns. Durch eine Aufnahme der Berliner Grammophon 1898 wurde das Lied auf der ganzen Welt bekannt. Manchen gilt es als inoffizielle Nationalhymne Hawaiis. Bis heute erklingt ihr Lied, wenn ein Schiff den Hafen von Honolulu anfährt oder verlässt.

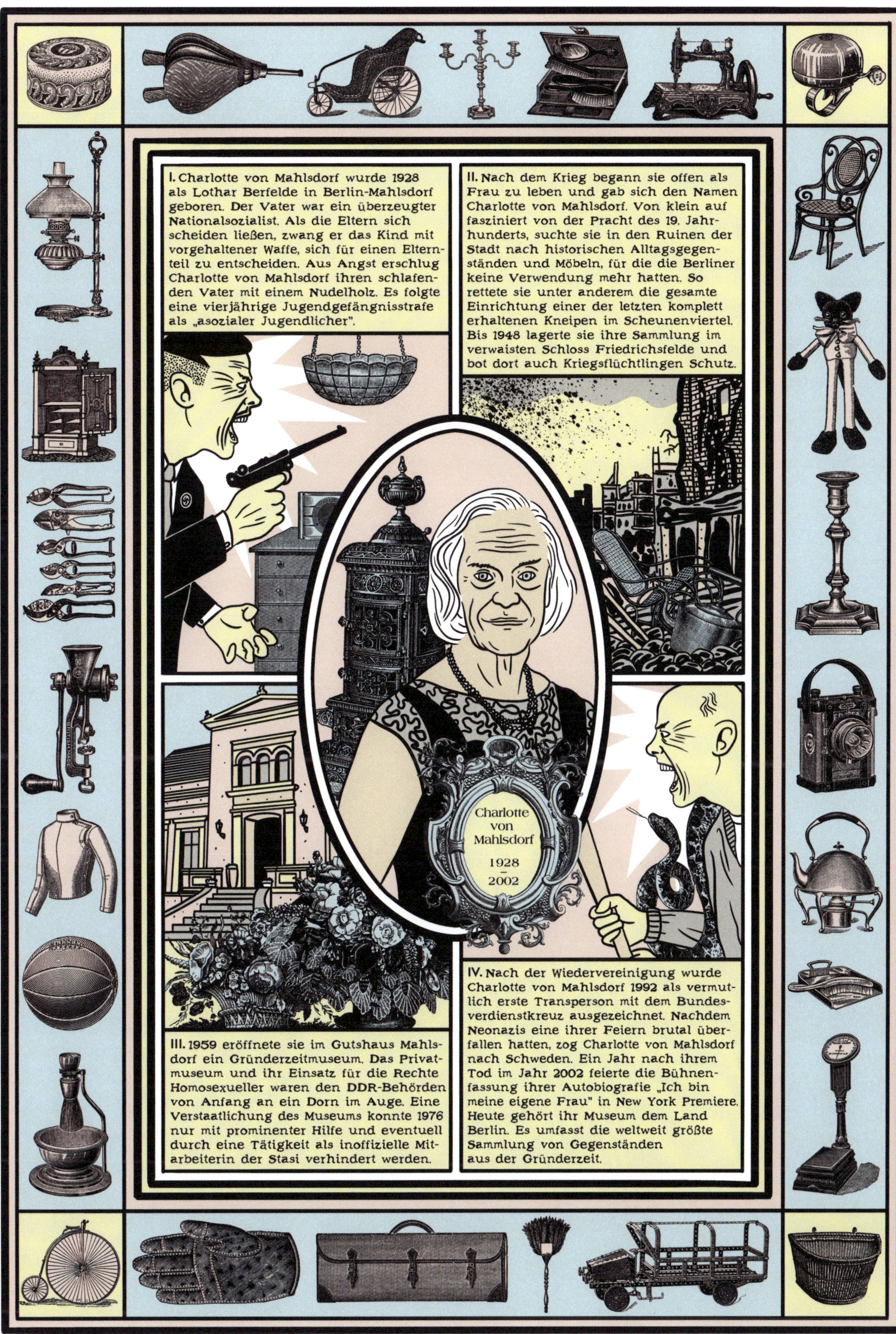
I. Charlotte von Mahlsdorf wurde 1928 als Lothar Berfelde in Berlin-Mahlsdorf geboren. Der Vater war ein überzeugter Nationalsozialist. Als die Eltern sich scheiden ließen, zwang er das Kind mit vorgehaltener Waffe, sich für einen Elternteil zu entscheiden. Aus Angst erschlug Charlotte von Mahlsdorf ihren schlafenden Vater mit einem Nudelholz. Es folgte eine vierjährige Jugendgefängnisstrafe als „asozialer Jugendlicher".
II. Nach dem Krieg begann sie offen als Frau zu leben und gab sich den Namen Charlotte von Mahlsdorf. Von klein auf fasziniert von der Pracht des 19. Jahrhunderts, suchte sie in den Ruinen der Stadt nach historischen Alltagsgegenständen und Möbeln, für die die Berliner keine Verwendung mehr hatten. So rettete sie unter anderem die gesamte Einrichtung einer der letzten komplett erhaltenen Kneipen im Scheunenviertel. Bis 1948 lagerte sie ihre Sammlung im verwaisten Schloss Friedrichsfelde und bot dort auch Kriegsflüchtlingen Schutz.
Charlotte von Mahlsdorf 1928 – 2002
III. 1959 eröffnete sie im Gutshaus Mahlsdorf ein Gründerzeitmuseum. Das Privatmuseum und ihr Einsatz für die Rechte Homosexueller waren den DDR-Behörden von Anfang an ein Dorn im Auge. Eine Verstaatlichung des Museums konnte 1976 nur mit prominenter Hilfe und eventuell durch eine Tätigkeit als inoffizielle Mitarbeiterin der Stasi verhindert werden.
IV. Nach der Wiedervereinigung wurde Charlotte von Mahlsdorf 1992 als vermutlich erste Transperson mit dem Bundesverdienstkreuz ausgezeichnet. Nachdem Neonazis eine ihrer Feiern brutal überfallen hatten, zog Charlotte von Mahlsdorf nach Schweden. Ein Jahr nach ihrem Tod im Jahr 2002 feierte die Bühnenfassung ihrer Autobiografie „Ich bin meine eigene Frau" in New York Premiere. Heute gehört ihr Museum dem Land Berlin. Es umfasst die weltweit größte Sammlung von Gegenständen aus der Gründerzeit.

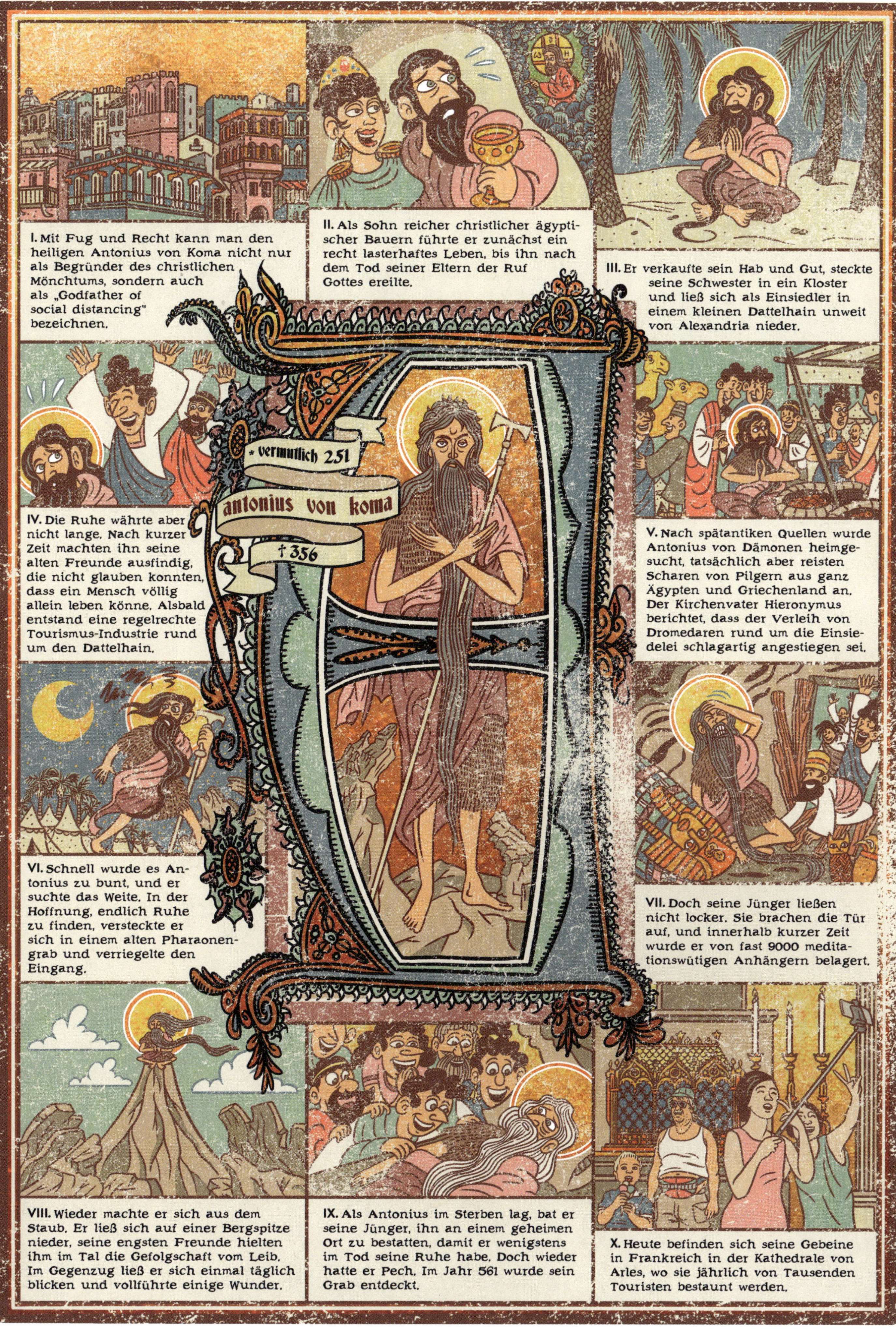
I. Mit Fug und Recht kann man den heiligen Antonius von Koma nicht nur als Begründer des christlichen Mönchtums, sondern auch als „Godfather of social distancing" bezeichnen.
II. Als Sohn reicher christlicher ägyptischer Bauern führte er zunächst ein recht lasterhaftes Leben, bis ihn nach dem Tod seiner Eltern der Ruf Gottes ereilte.
III. Er verkaufte sein Hab und Gut, steckte seine Schwester in ein Kloster und ließ sich als Einsiedler in einem kleinen Dattelhain unweit von Alexandria nieder.
* vermutlich 251
antonius von koma
† 356
IV. Die Ruhe währte aber nicht lange. Nach kurzer Zeit machten ihn seine alten Freunde ausfindig, die nicht glauben konnten, dass ein Mensch völlig allein leben könne. Alsbald entstand eine regelrechte Tourismus-Industrie rund um den Dattelhain.
V. Nach spätantiken Quellen wurde Antonius von Dämonen heimgesucht, tatsächlich aber reisten Scharen von Pilgern aus ganz Ägypten und Griechenland an. Der Kirchenvater Hieronymus berichtet, dass der Verleih von Dromedaren rund um die Einsiedelei schlagartig angestiegen sei.
VI. Schnell wurde es Antonius zu bunt, und er suchte das Weite. In der Hoffnung, endlich Ruhe zu finden, versteckte er sich in einem alten Pharaonengrab und verriegelte den Eingang.
VII. Doch seine Jünger ließen nicht locker. Sie brachen die Tür auf, und innerhalb kurzer Zeit wurde er von fast 9000 meditationswütigen Anhängern belagert.
VIII. Wieder machte er sich aus dem Staub. Er ließ sich auf einer Bergspitze nieder, seine engsten Freunde hielten ihm im Tal die Gefolgschaft vom Leib. Im Gegenzug ließ er sich einmal täglich blicken und vollführte einige Wunder.
IX. Als Antonius im Sterben lag, bat er seine Jünger, ihn an einem geheimen Ort zu bestatten, damit er wenigstens im Tod seine Ruhe habe. Doch wieder hatte er Pech. Im Jahr 561 wurde sein Grab entdeckt.
X. Heute befinden sich seine Gebeine in Frankreich in der Kathedrale von Arles, wo sie jährlich von Tausenden Touristen bestaunt werden.

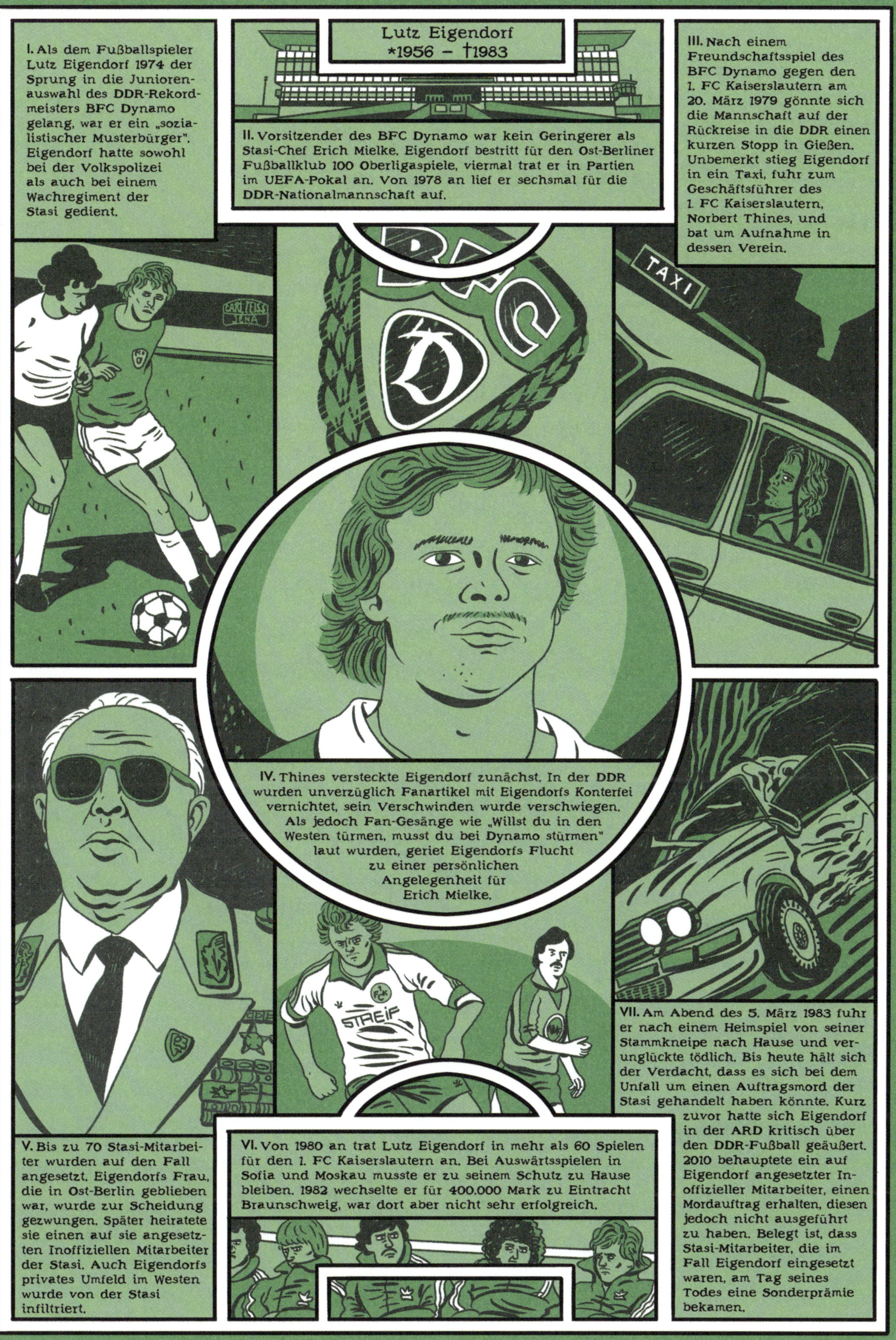
I. Als dem Fußballspieler Lutz Eigendorf 1974 der Sprung in die Junioren-auswahl des DDR-Rekordmeisters BFC Dynamo gelang, war er ein „sozialistischer Musterbürger". Eigendorf hatte sowohl bei der Volkspolizei als auch bei einem Wachregiment der Stasi gedient.
Lutz Eigendorf
*1956 – †1983
II. Vorsitzender des BFC Dynamo war kein Geringerer als Stasi-Chef Erich Mielke. Eigendorf bestritt für den Ost-Berliner Fußballklub 100 Oberligaspiele, viermal trat er in Partien im UEFA-Pokal an. Von 1978 an lief er sechsmal für die DDR-Nationalmannschaft auf.
III. Nach einem Freundschaftsspiel des BFC Dynamo gegen den 1. FC Kaiserslautern am 20. März 1979 gönnte sich die Mannschaft auf der Rückreise in die DDR einen kurzen Stopp in Gießen. Unbemerkt stieg Eigendorf in ein Taxi, fuhr zum Geschäftsführer des 1. FC Kaiserslautern, Norbert Thines, und bat um Aufnahme in dessen Verein.
CARL ZEISS JENA
BFC
TAXI
IV. Thines versteckte Eigendorf zunächst. In der DDR wurden unverzüglich Fanartikel mit Eigendorfs Konterfei vernichtet, sein Verschwinden wurde verschwiegen. Als jedoch Fan-Gesänge wie „Willst du in den Westen türmen, musst du bei Dynamo stürmen" laut wurden, geriet Eigendorfs Flucht zu einer persönlichen Angelegenheit für Erich Mielke.
STREIF
V. Bis zu 70 Stasi-Mitarbeiter wurden auf den Fall angesetzt. Eigendorfs Frau, die in Ost-Berlin geblieben war, wurde zur Scheidung gezwungen. Später heiratete sie einen auf sie angesetzten Inoffiziellen Mitarbeiter der Stasi. Auch Eigendorfs privates Umfeld im Westen wurde von der Stasi infiltriert.
VI. Von 1980 an trat Lutz Eigendorf in mehr als 60 Spielen für den 1. FC Kaiserslautern an. Bei Auswärtsspielen in Sofia und Moskau musste er zu seinem Schutz zu Hause bleiben. 1982 wechselte er für 400.000 Mark zu Eintracht Braunschweig, war dort aber nicht sehr erfolgreich.
VII. Am Abend des 5. März 1983 fuhr er nach einem Heimspiel von seiner Stammkneipe nach Hause und verunglückte tödlich. Bis heute hält sich der Verdacht, dass es sich bei dem Unfall um einen Auftragsmord der Stasi gehandelt haben könnte. Kurz zuvor hatte sich Eigendorf in der ARD kritisch über den DDR-Fußball geäußert. 2010 behauptete ein auf Eigendorf angesetzter Inoffizieller Mitarbeiter, einen Mordauftrag erhalten, diesen jedoch nicht ausgeführt zu haben. Belegt ist, dass Stasi-Mitarbeiter, die im Fall Eigendorf eingesetzt waren, am Tag seines Todes eine Sonderprämie bekamen.

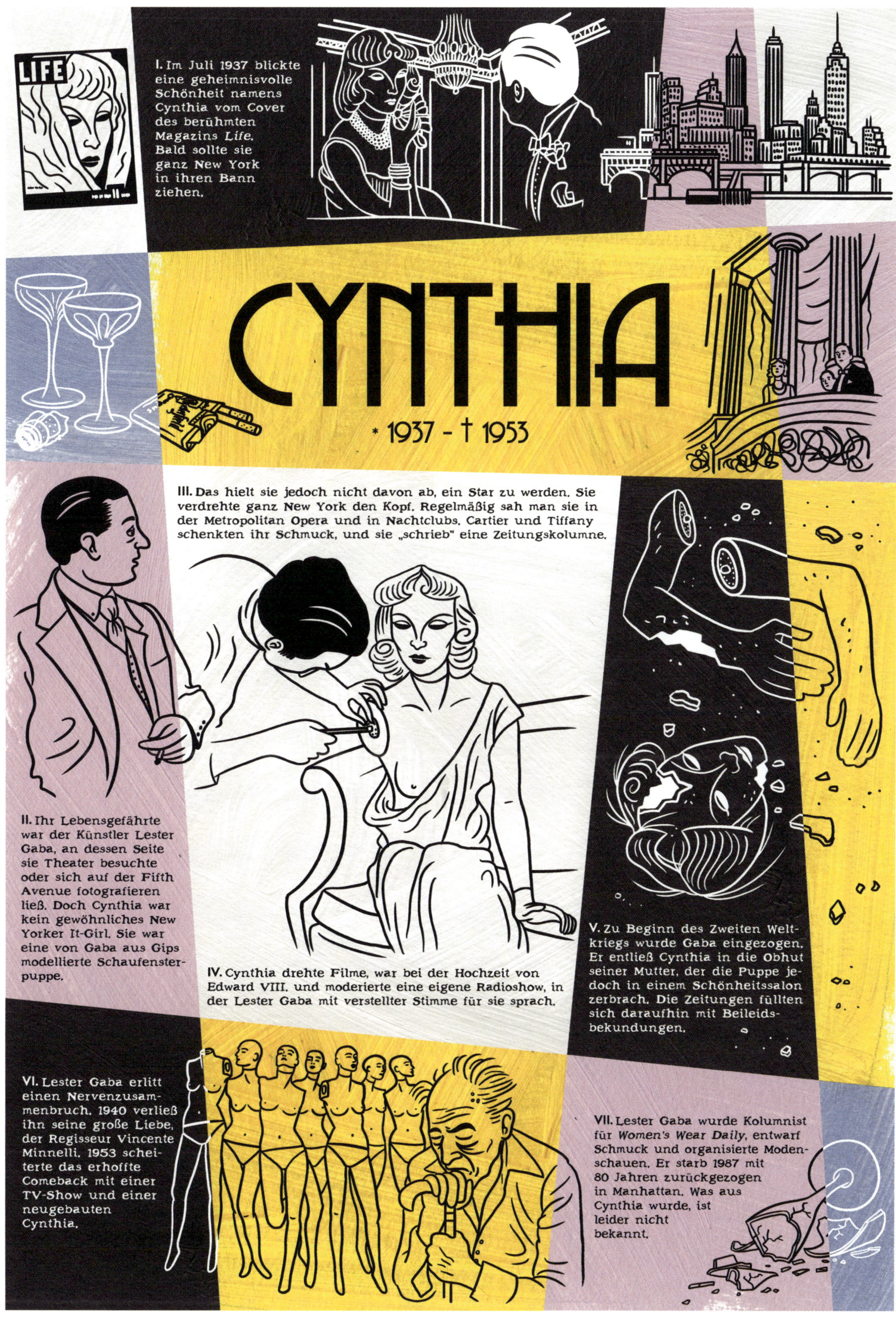
LIFE
I. Im Juli 1937 blickte eine geheimnisvolle Schönheit namens Cynthia vom Cover des berühmten Magazins *Life*. Bald sollte sie ganz New York in ihren Bann ziehen.
CYNTHIA
* 1937 - † 1953
II. Ihr Lebensgefährte war der Künstler Lester Gaba, an dessen Seite sie Theater besuchte oder sich auf der Fifth Avenue fotografieren ließ. Doch Cynthia war kein gewöhnliches New Yorker It-Girl. Sie war eine von Gaba aus Gips modellierte Schaufensterpuppe.
III. Das hielt sie jedoch nicht davon ab, ein Star zu werden. Sie verdrehte ganz New York den Kopf. Regelmäßig sah man sie in der Metropolitan Opera und in Nachtclubs. Cartier und Tiffany schenkten ihr Schmuck, und sie „schrieb" eine Zeitungskolumne.
IV. Cynthia drehte Filme, war bei der Hochzeit von Edward VIII. und moderierte eine eigene Radioshow, in der Lester Gaba mit verstellter Stimme für sie sprach.
V. Zu Beginn des Zweiten Weltkriegs wurde Gaba eingezogen. Er entließ Cynthia in die Obhut seiner Mutter, der die Puppe jedoch in einem Schönheitssalon zerbrach. Die Zeitungen füllten sich daraufhin mit Beileidsbekundungen.
VI. Lester Gaba erlitt einen Nervenzusammenbruch. 1940 verließ ihn seine große Liebe, der Regisseur Vincente Minnelli. 1953 scheiterte das erhoffte Comeback mit einer TV-Show und einer neugebauten Cynthia.
VII. Lester Gaba wurde Kolumnist für *Women's Wear Daily*, entwarf Schmuck und organisierte Modenschauen. Er starb 1987 mit 80 Jahren zurückgezogen in Manhattan. Was aus Cynthia wurde, ist leider nicht bekannt.

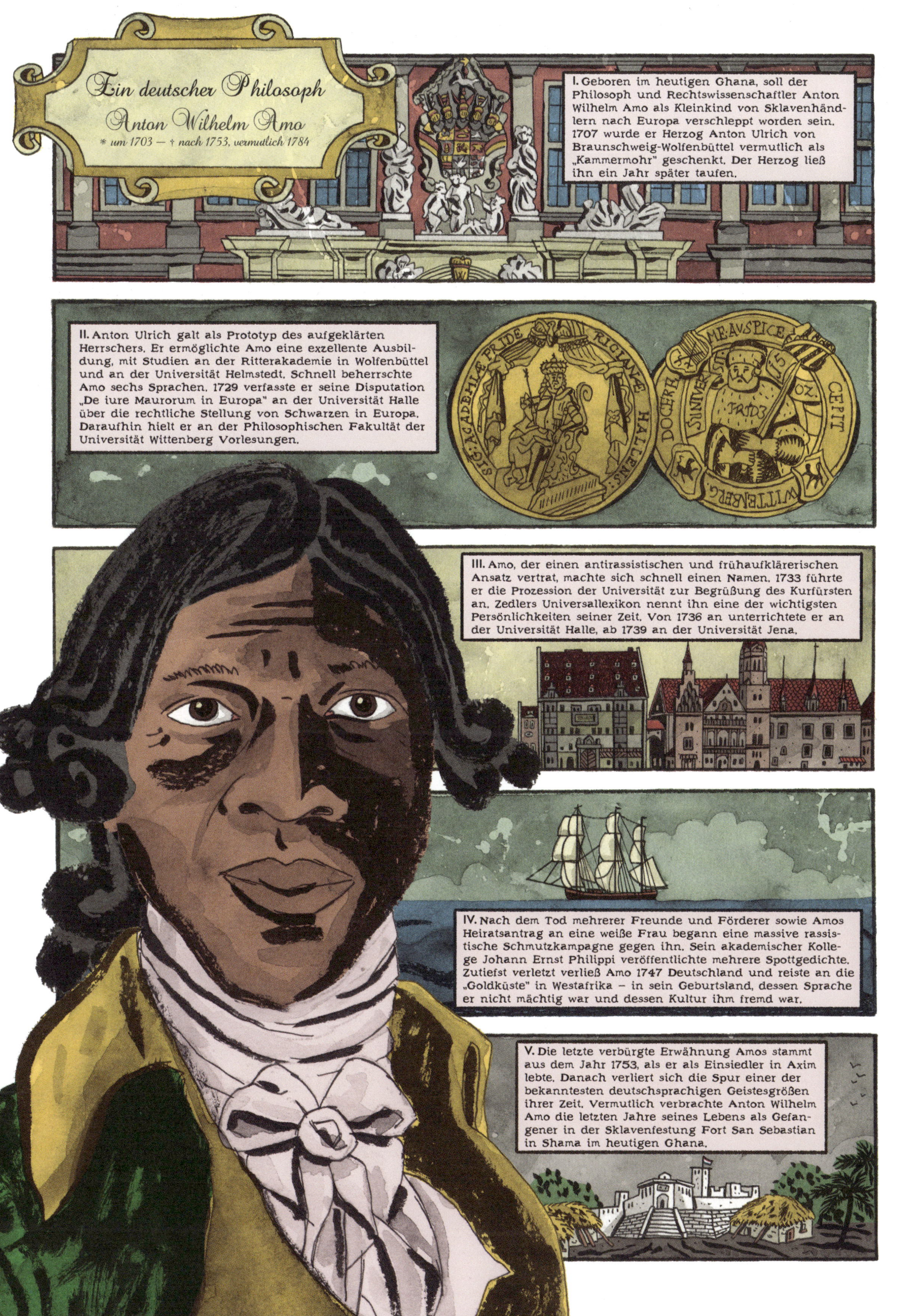

Ein deutscher Philosoph
Anton Wilhelm Amo
* um 1703 – † nach 1753, vermutlich 1784
I. Geboren im heutigen Ghana, soll der Philosoph und Rechtswissenschaftler Anton Wilhelm Amo als Kleinkind von Sklavenhändlern nach Europa verschleppt worden sein. 1707 wurde er Herzog Anton Ulrich von Braunschweig-Wolfenbüttel vermutlich als „Kammermohr" geschenkt. Der Herzog ließ ihn ein Jahr später taufen.
II. Anton Ulrich galt als Prototyp des aufgeklärten Herrschers. Er ermöglichte Amo eine exzellente Ausbildung, mit Studien an der Ritterakademie in Wolfenbüttel und an der Universität Helmstedt. Schnell beherrschte Amo sechs Sprachen. 1729 verfasste er seine Disputation „De iure Maurorum in Europa" an der Universität Halle über die rechtliche Stellung von Schwarzen in Europa. Daraufhin hielt er an der Philosophischen Fakultät der Universität Wittenberg Vorlesungen.
III. Amo, der einen antirassistischen und frühaufklärerischen Ansatz vertrat, machte sich schnell einen Namen. 1733 führte er die Prozession der Universität zur Begrüßung des Kurfürsten an. Zedlers Universallexikon nennt ihn eine der wichtigsten Persönlichkeiten seiner Zeit. Von 1736 an unterrichtete er an der Universität Halle, ab 1739 an der Universität Jena.
IV. Nach dem Tod mehrerer Freunde und Förderer sowie Amos Heiratsantrag an eine weiße Frau begann eine massive rassistische Schmutzkampagne gegen ihn. Sein akademischer Kollege Johann Ernst Philippi veröffentlichte mehrere Spottgedichte. Zutiefst verletzt verließ Amo 1747 Deutschland und reiste an die „Goldküste" in Westafrika – in sein Geburtsland, dessen Sprache er nicht mächtig war und dessen Kultur ihm fremd war.
V. Die letzte verbürgte Erwähnung Amos stammt aus dem Jahr 1753, als er als Einsiedler in Axim lebte. Danach verliert sich die Spur einer der bekanntesten deutschsprachigen Geistesgrößen ihrer Zeit. Vermutlich verbrachte Anton Wilhelm Amo die letzten Jahre seines Lebens als Gefangener in der Sklavenfestung Fort San Sebastian in Shama im heutigen Ghana.

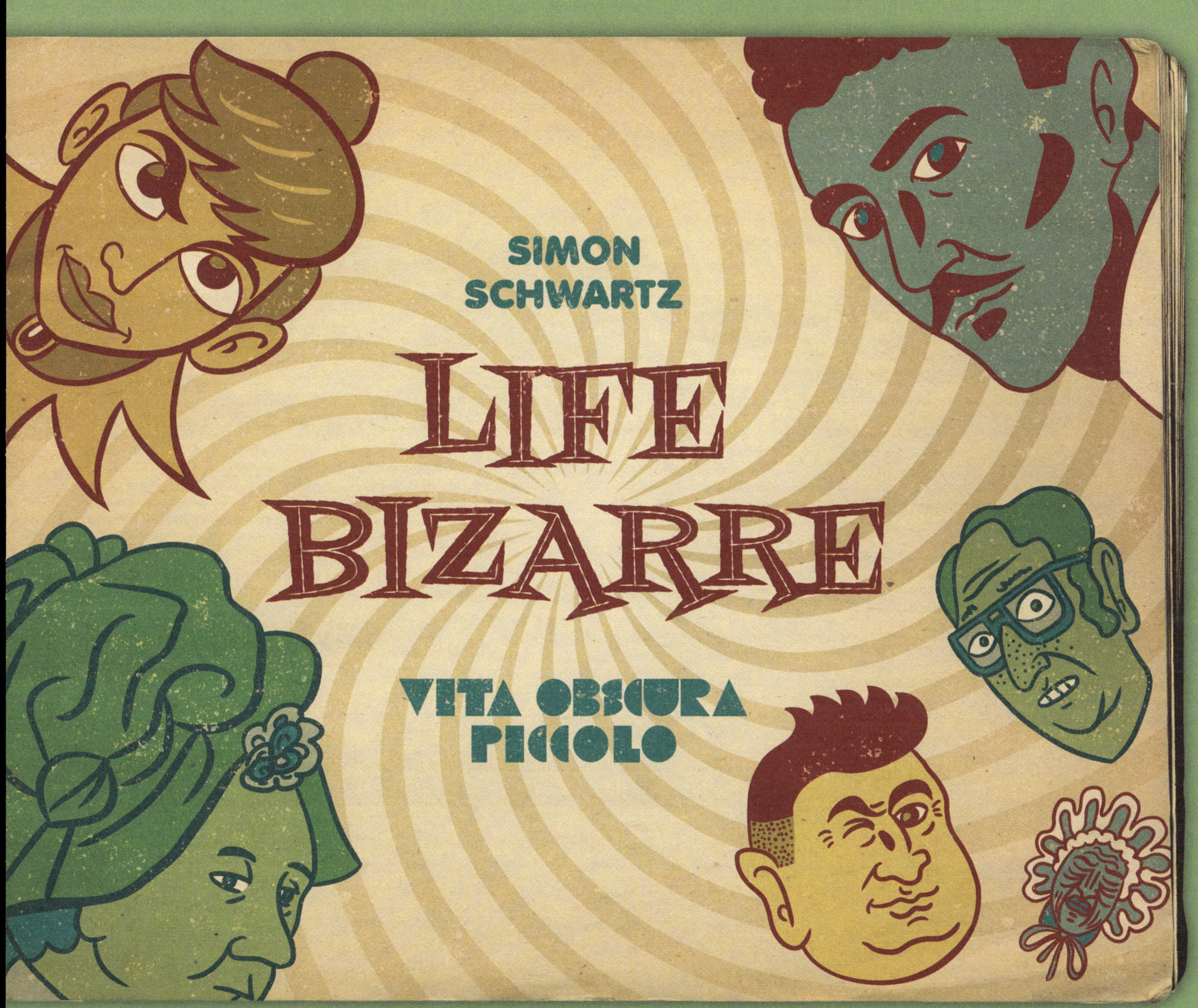
SIMON
SCHWARTZ
LIFE
BIZARRE
VITA OBSCURA
PICCOLO

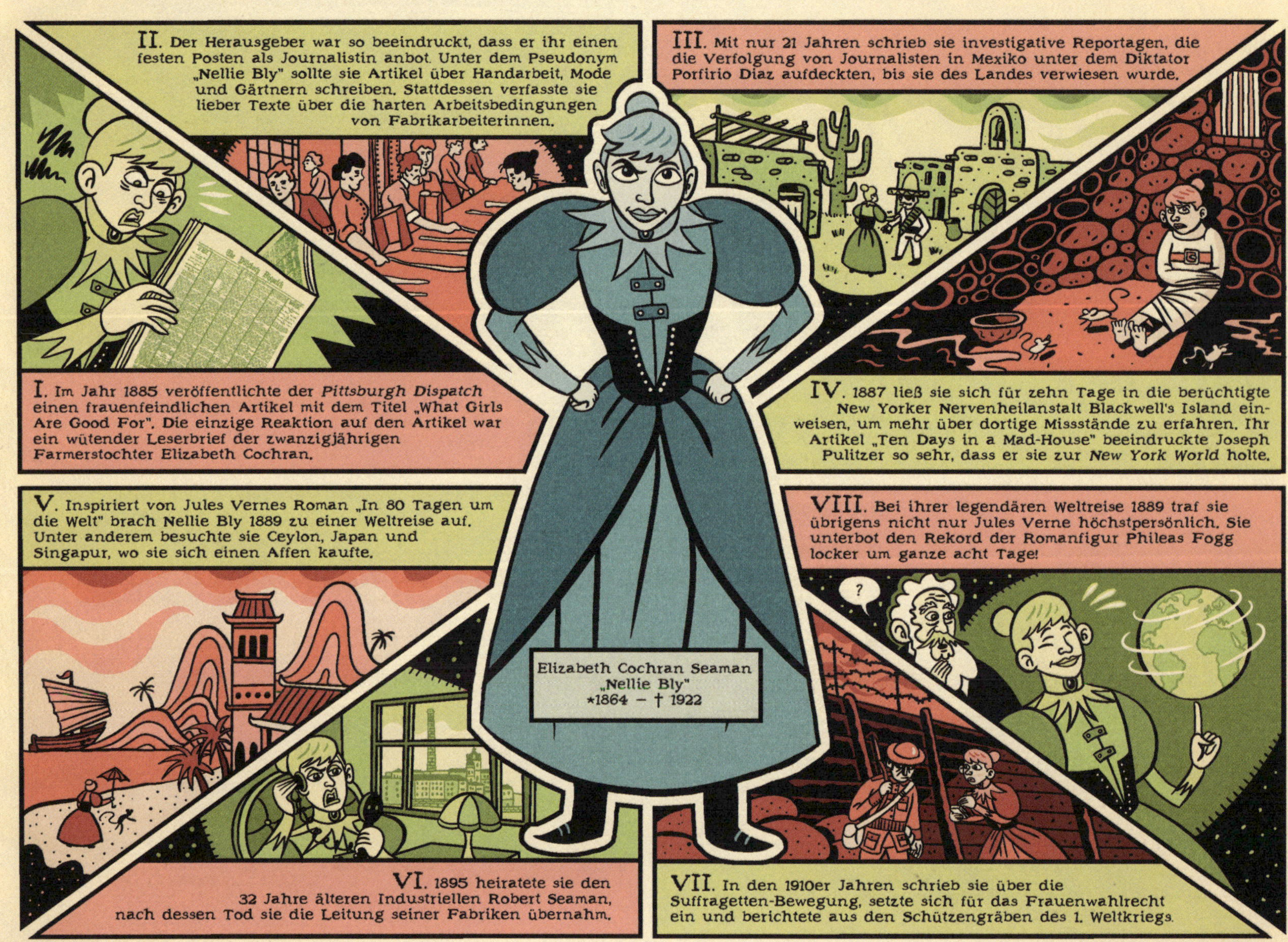
I. Im Jahr 1885 veröffentlichte der *Pittsburgh Dispatch* einen frauenfeindlichen Artikel mit dem Titel „What Girls Are Good For". Die einzige Reaktion auf den Artikel war ein wütender Leserbrief der zwanzigjährigen Farmerstochter Elizabeth Cochran.
II. Der Herausgeber war so beeindruckt, dass er ihr einen festen Posten als Journalistin anbot. Unter dem Pseudonym „Nellie Bly" sollte sie Artikel über Handarbeit, Mode und Gärtnern schreiben. Stattdessen verfasste sie lieber Texte über die harten Arbeitsbedingungen von Fabrikarbeiterinnen.
III. Mit nur 21 Jahren schrieb sie investigative Reportagen, die die Verfolgung von Journalisten in Mexiko unter dem Diktator Porfirio Diaz aufdeckten, bis sie des Landes verwiesen wurde.
IV. 1887 ließ sie sich für zehn Tage in die berüchtigte New Yorker Nervenheilanstalt Blackwell's Island einweisen, um mehr über dortige Missstände zu erfahren. Ihr Artikel „Ten Days in a Mad-House" beeindruckte Joseph Pulitzer so sehr, dass er sie zur *New York World* holte.
V. Inspiriert von Jules Vernes Roman „In 80 Tagen um die Welt" brach Nellie Bly 1889 zu einer Weltreise auf. Unter anderem besuchte sie Ceylon, Japan und Singapur, wo sie sich einen Affen kaufte.
VI. 1895 heiratete sie den 32 Jahre älteren Industriellen Robert Seaman, nach dessen Tod sie die Leitung seiner Fabriken übernahm.
VII. In den 1910er Jahren schrieb sie über die Suffragetten-Bewegung, setzte sich für das Frauenwahlrecht ein und berichtete aus den Schützengräben des 1. Weltkriegs.
VIII. Bei ihrer legendären Weltreise 1889 traf sie übrigens nicht nur Jules Verne höchstpersönlich. Sie unterbot den Rekord der Romanfigur Phileas Fogg locker um ganze acht Tage!
?
Elizabeth Cochran Seaman
„Nellie Bly"
*1864 – † 1922

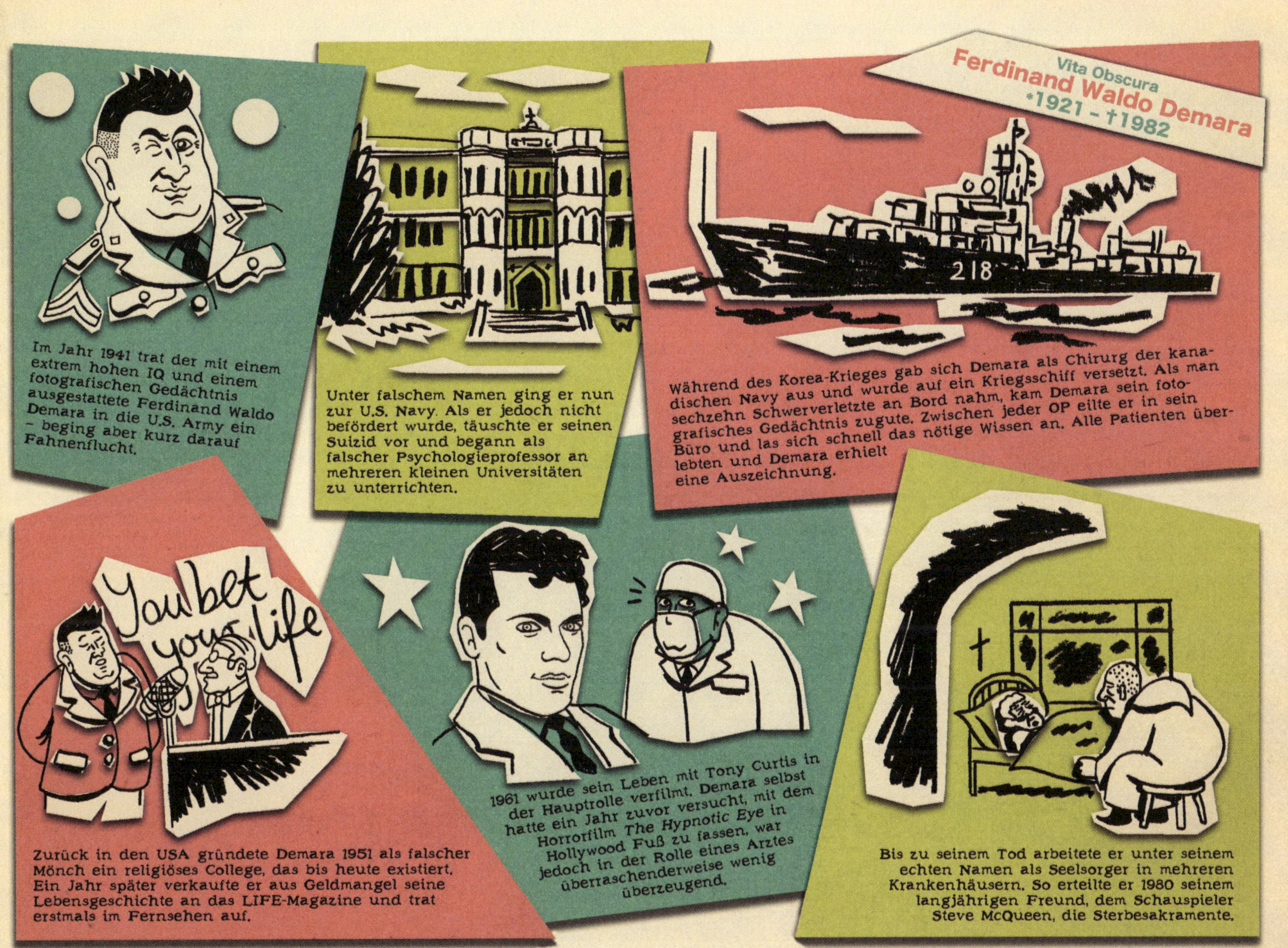

Vita Obscura
Ferdinand Waldo Demara
*1921 – †1982
Im Jahr 1941 trat der mit einem extrem hohen IQ und einem fotografischen Gedächtnis ausgestattete Ferdinand Waldo Demara in die U.S. Army ein – beging aber kurz darauf Fahnenflucht.
Unter falschem Namen ging er nun zur U.S. Navy. Als er jedoch nicht befördert wurde, täuschte er seinen Suizid vor und begann als falscher Psychologieprofessor an mehreren kleinen Universitäten zu unterrichten.
218
Während des Korea-Krieges gab sich Demara als Chirurg der kanadischen Navy aus und wurde auf ein Kriegsschiff versetzt. Als man sechzehn Schwerverletzte an Bord nahm, kam Demara sein fotografisches Gedächtnis zugute. Zwischen jeder OP eilte er in sein Büro und las sich schnell das nötige Wissen an. Alle Patienten überlebten und Demara erhielt eine Auszeichnung.
You bet your life
Zurück in den USA gründete Demara 1951 als falscher Mönch ein religiöses College, das bis heute existiert. Ein Jahr später verkaufte er aus Geldmangel seine Lebensgeschichte an das LIFE-Magazine und trat erstmals im Fernsehen auf.
1961 wurde sein Leben mit Tony Curtis in der Hauptrolle verfilmt. Demara selbst hatte ein Jahr zuvor versucht, mit dem Horrorfilm *The Hypnotic Eye* in Hollywood Fuß zu fassen, war jedoch in der Rolle eines Arztes überraschenderweise wenig überzeugend.
Bis zu seinem Tod arbeitete er unter seinem echten Namen als Seelsorger in mehreren Krankenhäusern. So erteilte er 1980 seinem langjährigen Freund, dem Schauspieler Steve McQueen, die Sterbesakramente.
73

ALBERT GÖRING *1895 – †1966

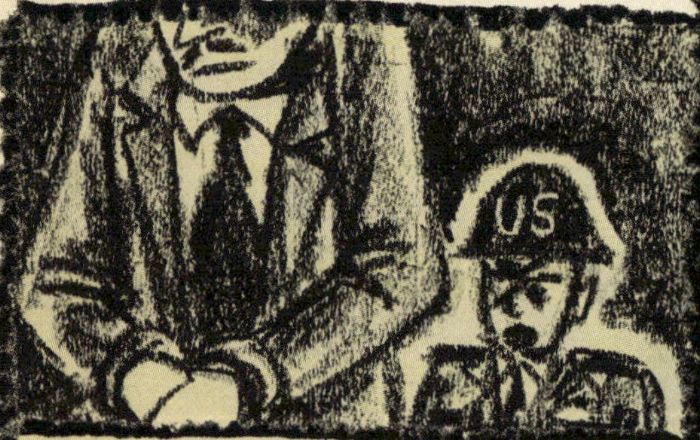

Als der US-Offizier Major Paul Kubala am 19. September 1945 Albert Göring – den jüngeren Bruder von Hermann Göring – verhörte, bekam er einen Wutanfall. Der Delinquent behauptete dreist, ein überzeugter Antifaschist zu sein. Major Kubala konnte nicht ahnen, dass Albert Göring tatsächlich die volle Wahrheit sprach.

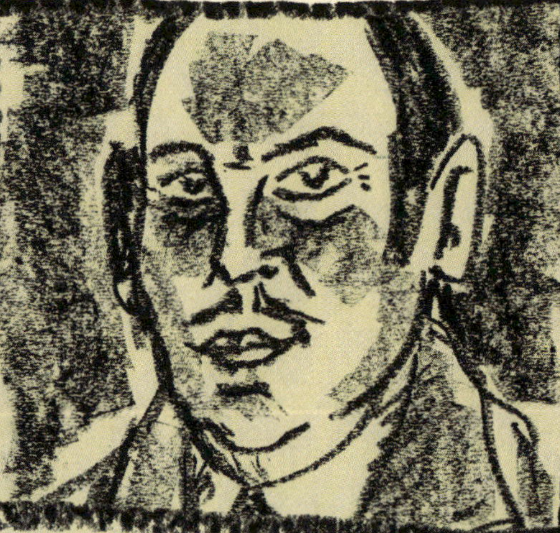

Albert war das genaue Gegenteil seines Bruders. Ein eleganter und gebildeter Bonvivant, ein Frauenheld und Schöngeist. Von Anfang an lehnte er die Ideologie und Brutalität der Nazis ab.

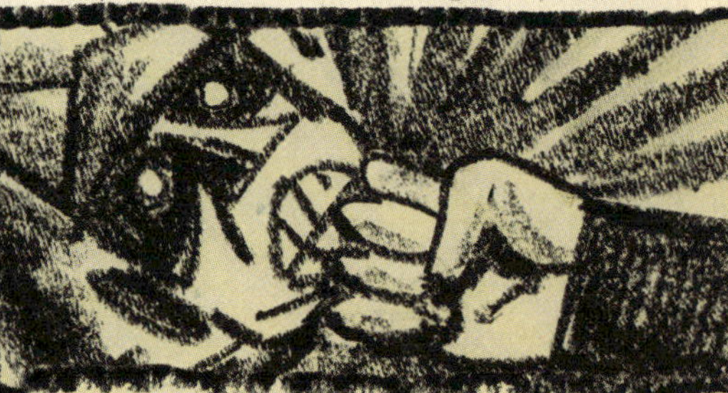

Er weigerte sich, in die **NSDAP** einzutreten und nahm aus Protest die österreichische Staatsbürgerschaft an. 1938 schloss er sich in Wien einer Gruppe Juden an, die gezwungen wurde, auf allen vieren die Straße zu reinigen. Im selben Jahr schlug er einen SA-Mann nieder, der einer alten jüdischen Frau ein diffamierendes Schild umgehängt hatte. Durch seine Aktivitäten geriet er mehrfach in Polizeigewahrsam, kam aber dank seines prominenten Namens immer wieder frei.

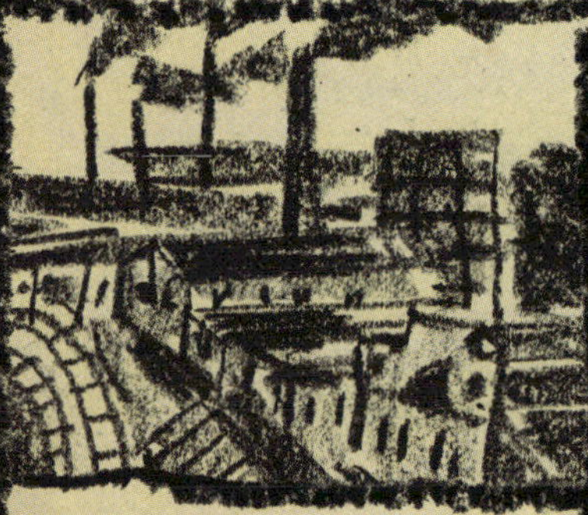

Als Ingenieur übernahm Albert während des Krieges eine leitende Position im Škoda-Werk in Pilsen. Er unterstützte kleinere Sabotageakte, hielt Kontakt zum tschechischen Widerstand und fälschte die Unterschrift seines Bruders Hermann, um Menschen zur Flucht zu verhelfen.

Immer wieder forderte er KZ-Häftlinge zur Zwangsarbeit im Werk an. Die Lastwagen ließ er an einer günstigen Stelle halten, um den Gefangenen die Flucht zu ermöglichen.

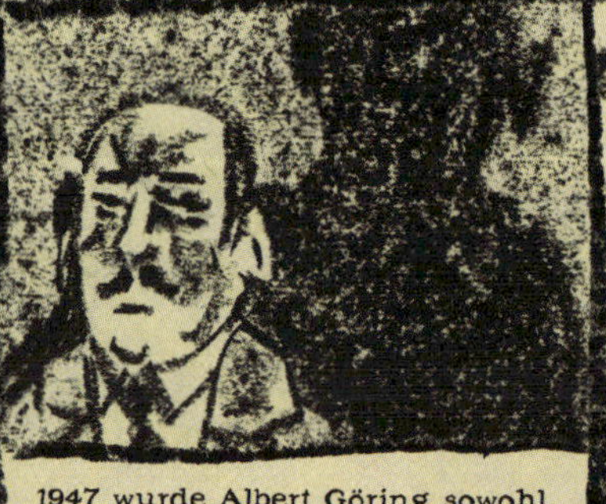

1947 wurde Albert Göring sowohl von den Alliierten, als auch von der tschechischen Regierung von jeglicher Mittäterschaft freigesprochen. Doch aufgrund seines Nachnamens erhielt er keine Arbeit und lebte nach dem Krieg mittellos in ärmlichen Verhältnissen. Nur durch die Unterstützung jüdischer Überlebender konnte er sich bis zu seinem Tod über Wasser halten.

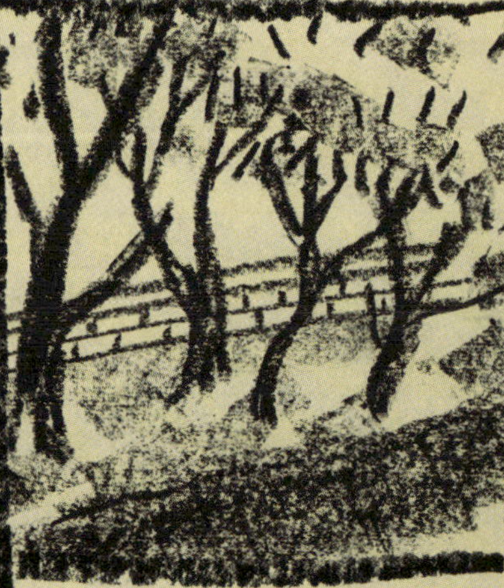

Aktuell prüft der Staat Israel eine Aufnahme Albert Görings in die „Allee der Gerechten unter den Völkern" in der Gedenkstätte „Yad Vashem".

Vita Obscura

Pech gehabt!

Thomas Parnell
** 1881 – † 1948*

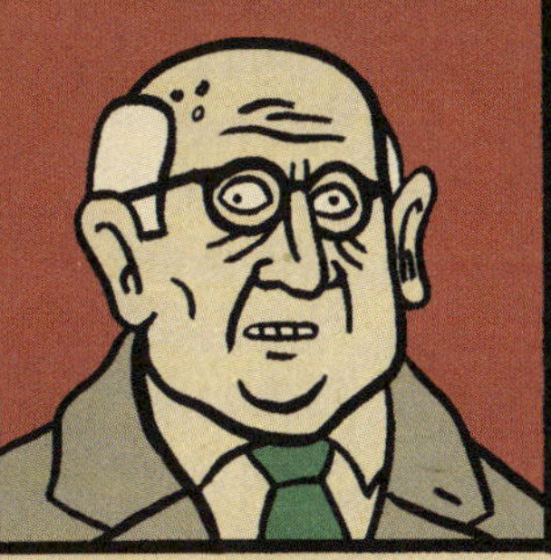

John Mainstone
** 1935 – † 2013*

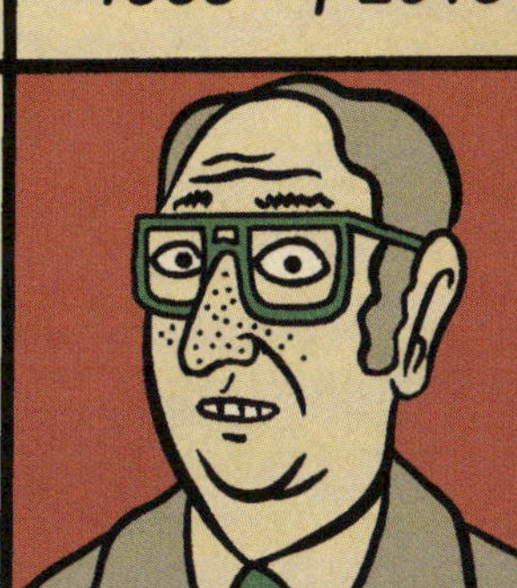

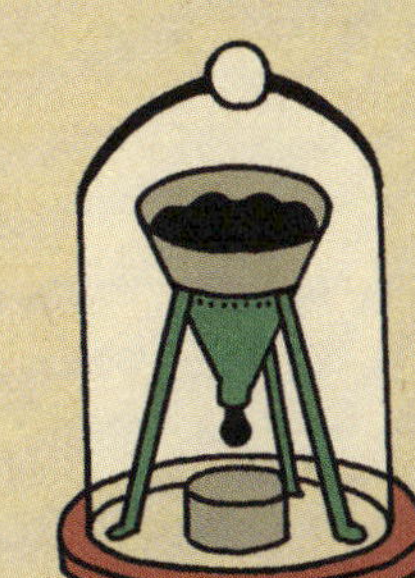

I. Im Jahr 1927 füllte der australische Physikprofessor Thomas Parnell einen Trichter mit Pech, um zu beweisen, dass es sich bei der Substanz um eine Flüssigkeit handelt.

1938 1947 1954

1962 1970 1979

1988 2000 2014

II. Elf Jahre später fiel der erste Tropfen aus dem Trichter. Bis 2014 folgten weitere acht Pechtropfen.

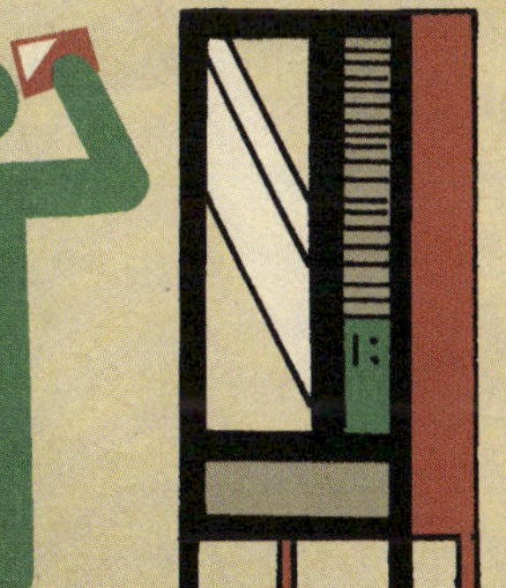

III. Im Jahr 1961 übernahm Prof. John Mainstone das Experiment. Leider war es ihm nie vergönnt, selbst einen Tropfen fallen zu sehen. 1988 war er im entscheidenden Moment an einem Getränkeautomaten und 2000 fiel die Speicherkarte der Beobachtungskamera aus. Der nächste Tropfen verließ kurz nach Mainstones Tod den Trichter.

IV. 2005 wurden Parnell und Mainstone mit dem Ig-Nobelpreis für das „langweiligste Experiment der Welt" ausgezeichnet.

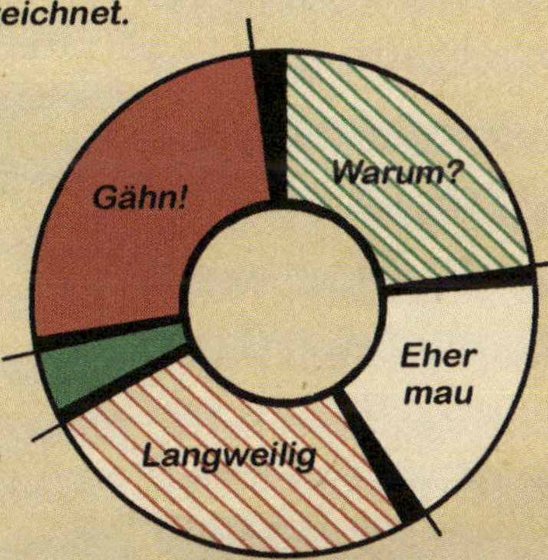

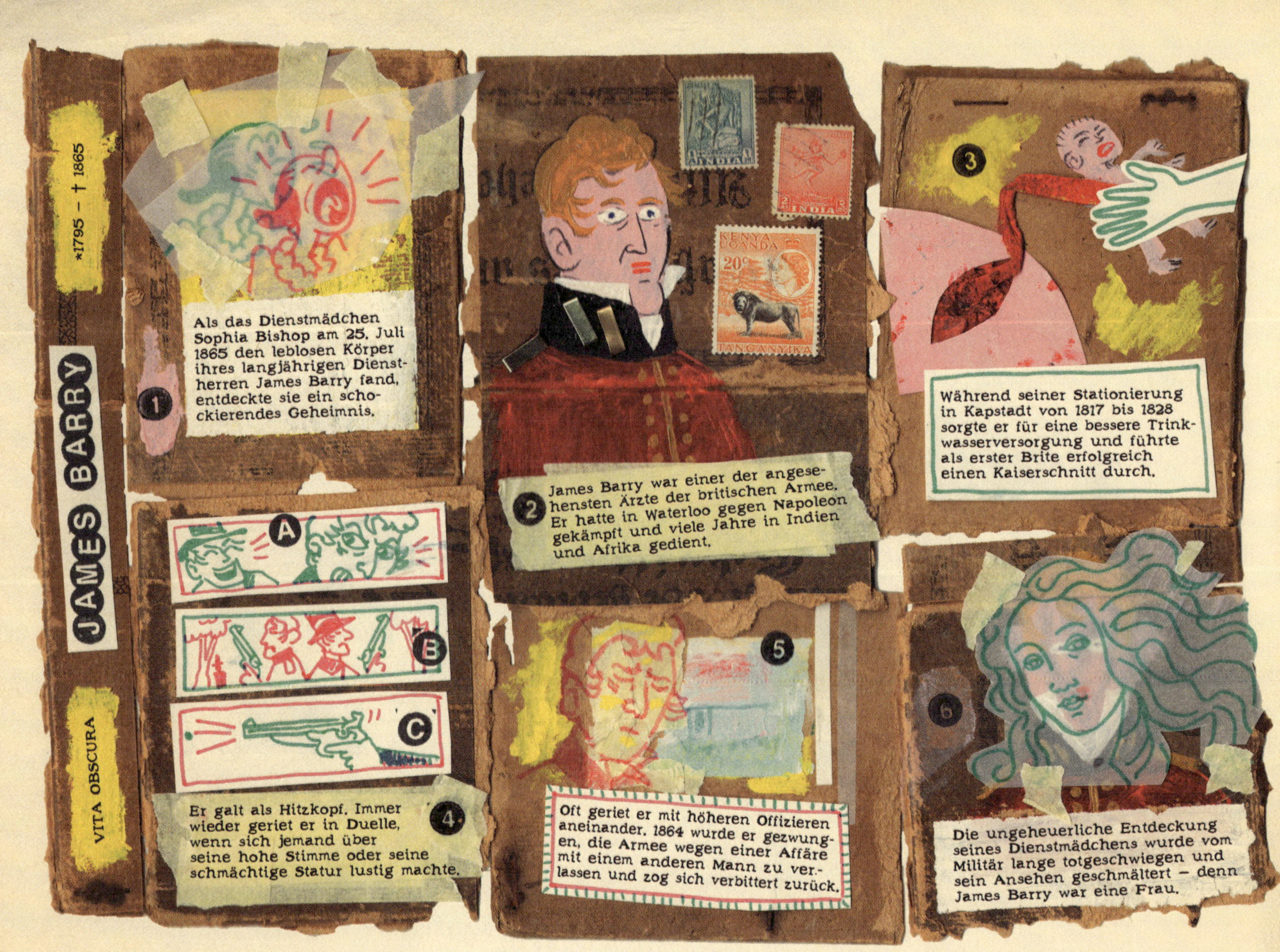

JAMES BARRY
*1795 – † 1865
VITA OBSCURA
1 Als das Dienstmädchen Sophia Bishop am 25. Juli 1865 den leblosen Körper ihres langjährigen Dienstherren James Barry fand, entdeckte sie ein schockierendes Geheimnis.
2 James Barry war einer der angesehensten Ärzte der britischen Armee. Er hatte in Waterloo gegen Napoleon gekämpft und viele Jahre in Indien und Afrika gedient.
3 Während seiner Stationierung in Kapstadt von 1817 bis 1828 sorgte er für eine bessere Trinkwasserversorgung und führte als erster Brite erfolgreich einen Kaiserschnitt durch.
A
B
C
4 Er galt als Hitzkopf. Immer wieder geriet er in Duelle, wenn sich jemand über seine hohe Stimme oder seine schmächtige Statur lustig machte.
5 Oft geriet er mit höheren Offizieren aneinander. 1864 wurde er gezwungen, die Armee wegen einer Affäre mit einem anderen Mann zu verlassen und zog sich verbittert zurück.
6 Die ungeheuerliche Entdeckung seines Dienstmädchens wurde vom Militär lange totgeschwiegen und sein Ansehen geschmältert – denn James Barry war eine Frau.

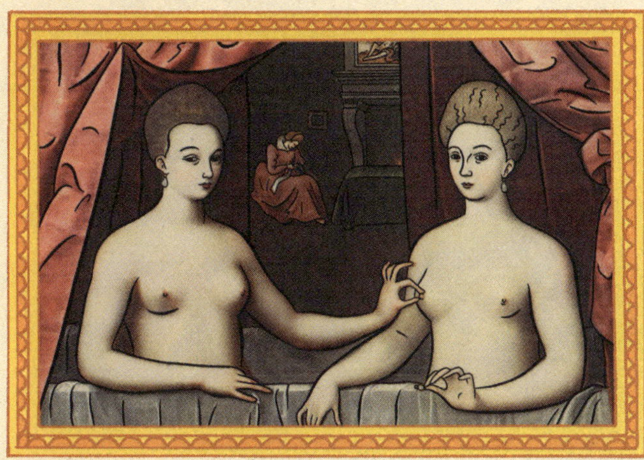

Gabrielle d'Estrées
*um 1570 – † 1599

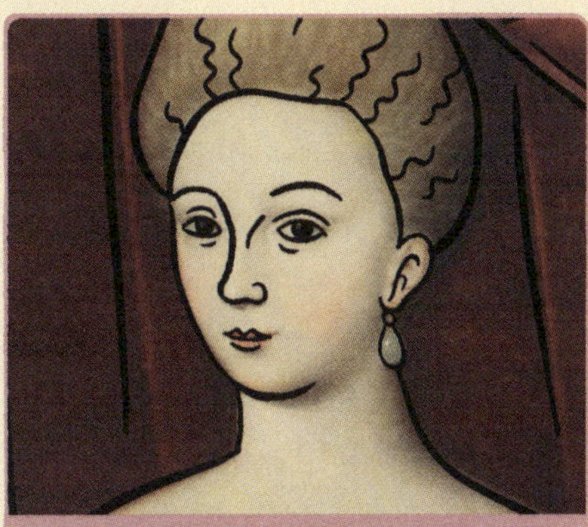

Das Gemälde „Gabrielle d'Estrées und eine ihrer Schwestern" eines unbekannten Künstlers der Schule von Fontainebleau, ist als eines der bedeutendsten erotischen Kunstwerke bekannt. Doch nur wenige wissen, dass es eigentlich die Geschichte eines ruchlosen Doppelmordes erzählt.

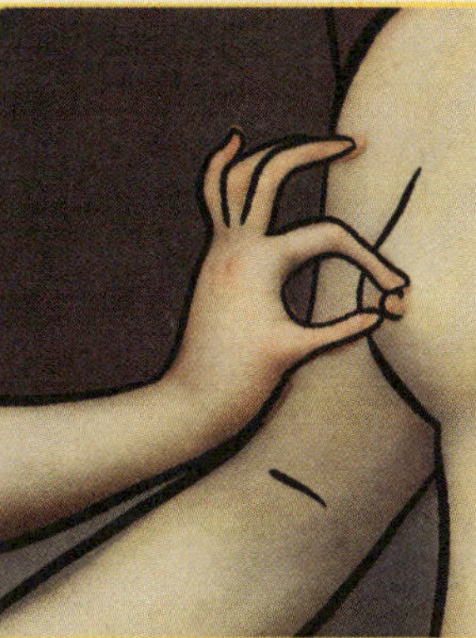

Die Familie d'Estrées war am französischen Hof für ihre Intrigen berüchtigt. Und so hatte sich auch Gabrielle d'Estrées viele Feinde gemacht. Der Griff der Schwester an Gabrielles Brustwarze war für damalige Betrachter ein eindeutiger Hinweis auf eine Schwangerschaft.

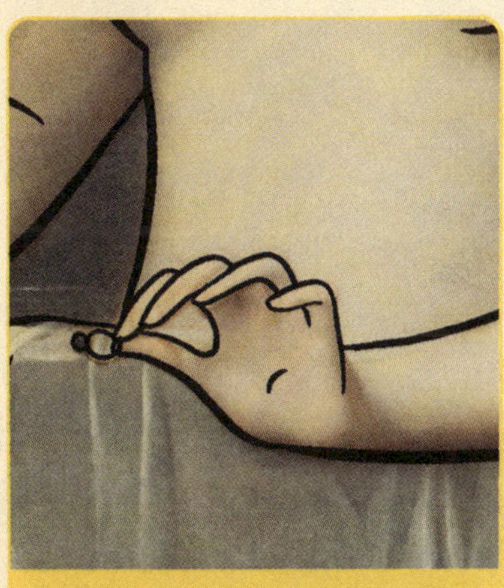

Der Ring zwischen Gabrielles Fingern verweist hingegen auf eine Verlobung. Wer der Vater und zukünftige Ehemann war, wussten die Zeitgenossen des Malers nur zu gut – König Heinrich IV.

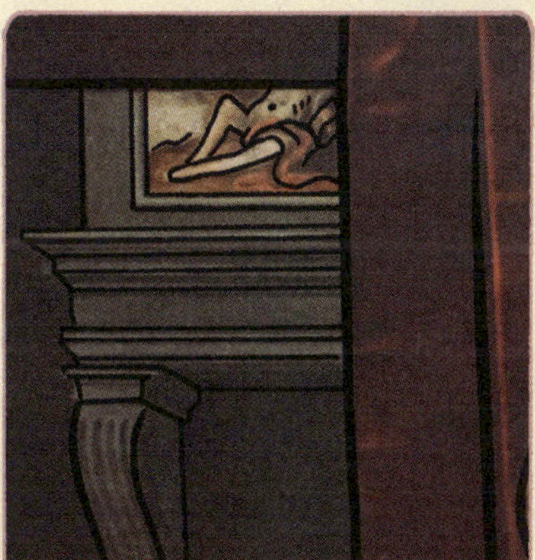

Versteckt als männlicher Akt ist er im Hintergrund klein zu erkennen. Obwohl der König viele Maitressen hatte, war Gabrielle d'Estrées besonders. Für sie ließ er sich scheiden und wollte ihr gemeinsames Kind als Thronfolger anerkennen.

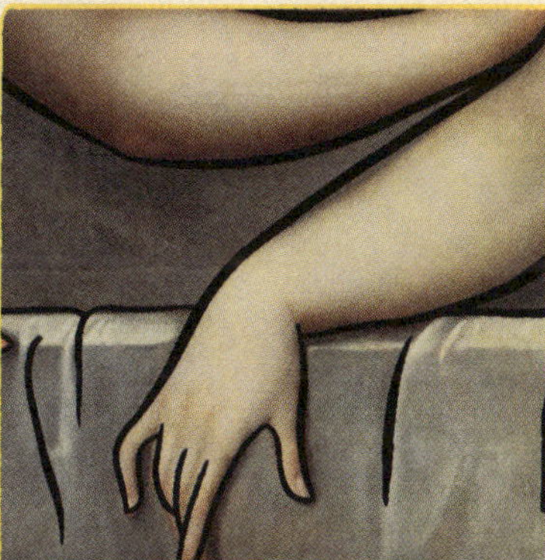

Der Hof und die Kirche waren entsetzt. Niemand wollte die „Dreckherzogin" auf dem Thron sehen. Als der Monarch vor der Hochzeit kurzzeitig Paris verließ, vergiftete man Gabrielle. Nach einer Fehlgeburt starb sie einen qualvollen Tod. Man hatte ihr sowohl einen Arzt, als auch den Priester verweigert.

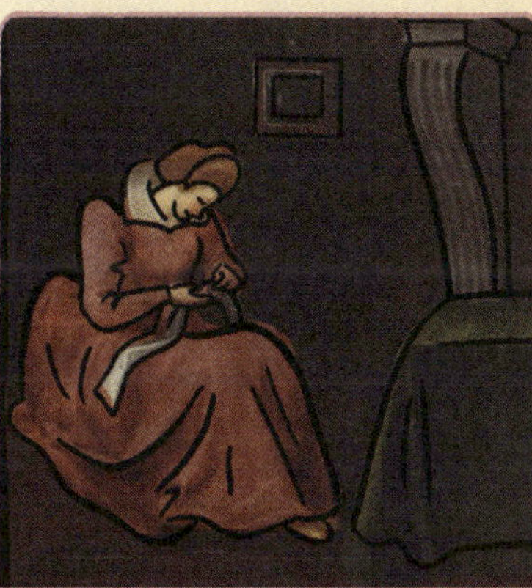

Meist übersehen Betrachter auf dem Gemälde eine dritte Frau. Der Sarg, an dem sie sitzt, ist mit dem grünen Lieblingsstoff der ermordeten Maitresse bedeckt. Indem sie ein weißes Tuch auftrennt zerreißt sie symbolisch Gabrielles d'Estrées' Lebensfaden.

Chevalier d'Éon

* 1728 – † 1810

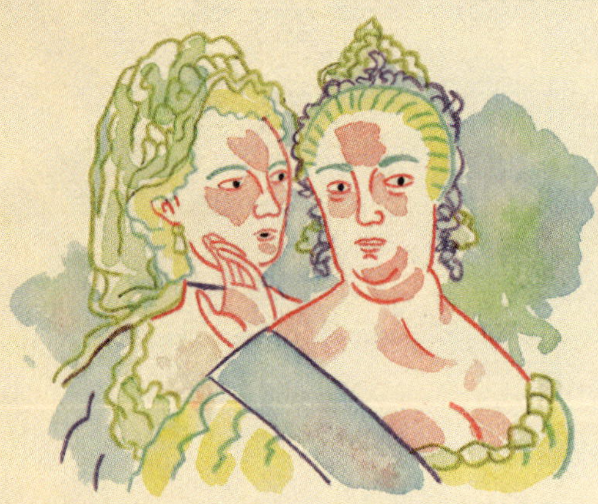

Im Jahr 1756 lagen die offiziellen Beziehungen zwischen Russland und Frankreich auf Eis, bis Zarin Elisabeth durch ihre enge Freundin Lea de Beaumont in direkte Korrespondenz mit König Ludwig XV. trat. Was die Zarin nicht wusste: de Beaumont war nicht nur eine französische Spionin – sie war auch ein Mann.

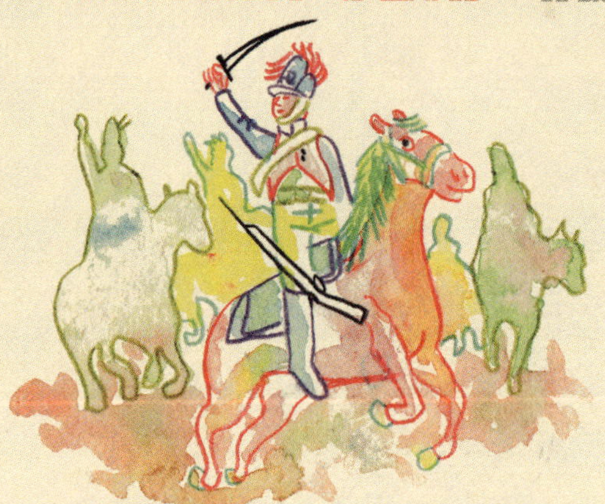

In Tonnerre unter dem Namen Louis d'Éon geboren war er einer der besten Fechter, Juristen und Spione Frankreichs. Nach seiner Rückkehr aus Russland führte er während des Siebenjährigen Krieges erfolgreich ein Dragonerregiment. 1763 wurde er zum Chevalier ernannt.

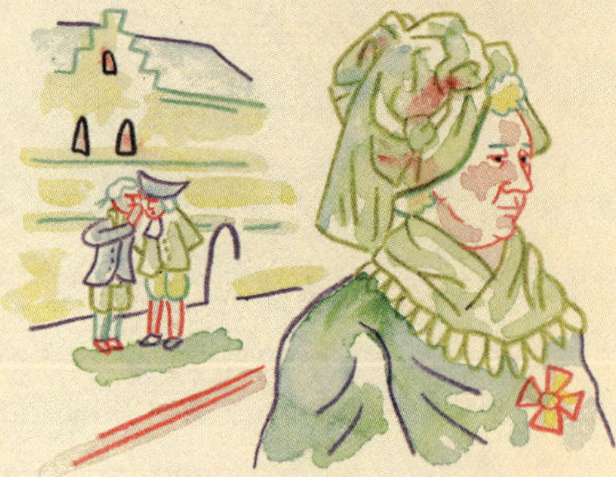

Im gleichen Jahr reiste er in geheimer Mission nach England. In London lebte er zeitweise als Frau und in britischen Adelskreisen wurden Wetten auf sein Geschlecht abgeschlossen.

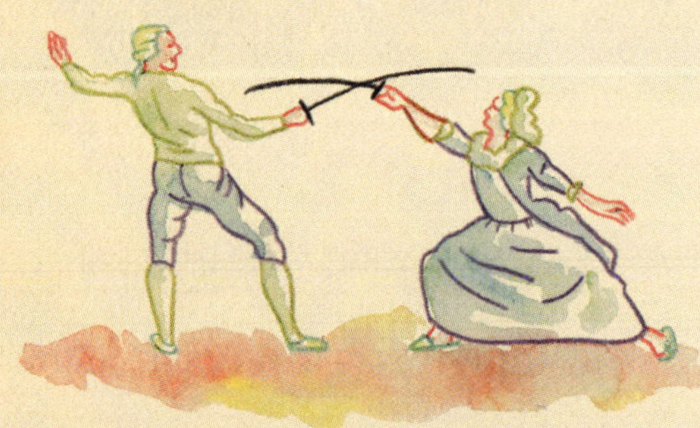

1777 befahl König Ludwig XVI. seine Rückkehr nach Frankreich – jedoch nur als Frau. Der Monarch höchstselbst kam für eine komplett neue Garderobe auf. Als d'Éon 1779 wieder als Mann leben wollte, wurde er inhaftiert. Er gab nach und trat fortan in Frauenkleidern zu Schaufechtkämpfen an.

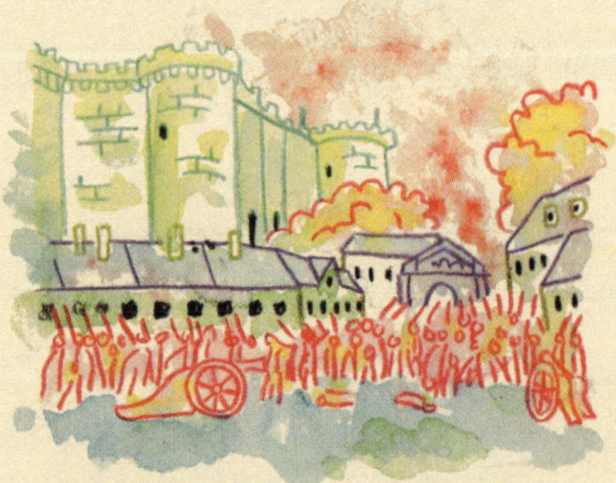

Durch die Französische Revolution verlor er seine Pension und bot den Revolutionären erfolglos an, für sie ein Frauenregiment aufzubauen. Er ging wieder nach England und lebte dort bis zu seinem Tod als Mann.

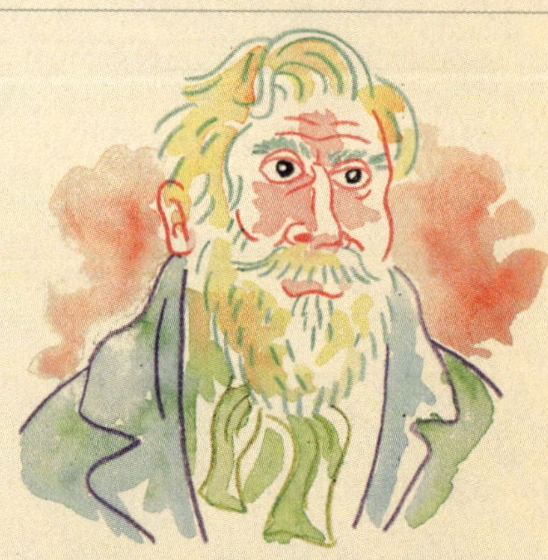

Der Sexualforscher Havelock Ellis prägte 1920 die Bezeichnung *Eonismus*, die heutzutage durch den Begriff *Transgender* abgelöst wurde.

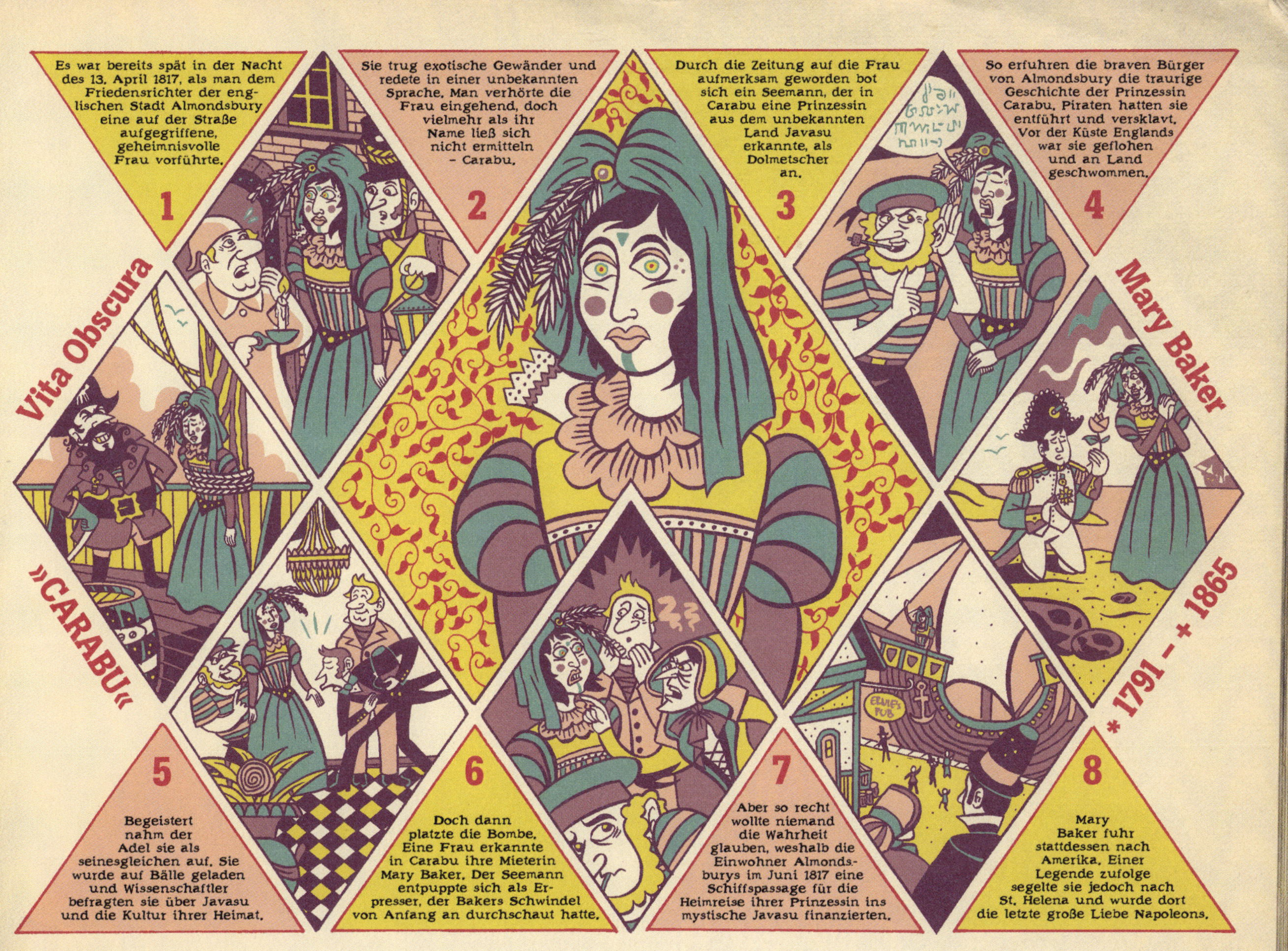
Vita Obscura
»CARABU«
Mary Baker
* 1791 – + 1865
1
Es war bereits spät in der Nacht des 13. April 1817, als man dem Friedensrichter der englischen Stadt Almondsbury eine auf der Straße aufgegriffene, geheimnisvolle Frau vorführte.
2
Sie trug exotische Gewänder und redete in einer unbekannten Sprache. Man verhörte die Frau eingehend, doch vielmehr als ihr Name ließ sich nicht ermitteln – Carabu.
3
Durch die Zeitung auf die Frau aufmerksam geworden bot sich ein Seemann, der in Carabu eine Prinzessin aus dem unbekannten Land Javasu erkannte, als Dolmetscher an.
4
So erfuhren die braven Bürger von Almondsbury die traurige Geschichte der Prinzessin Carabu. Piraten hatten sie entführt und versklavt. Vor der Küste Englands war sie geflohen und an Land geschwommen.
5
Begeistert nahm der Adel sie als seinesgleichen auf. Sie wurde auf Bälle geladen und Wissenschaftler befragten sie über Javasu und die Kultur ihrer Heimat.
6
Doch dann platzte die Bombe. Eine Frau erkannte in Carabu ihre Mieterin Mary Baker. Der Seemann entpuppte sich als Erpresser, der Bakers Schwindel von Anfang an durchschaut hatte.
7
Aber so recht wollte niemand die Wahrheit glauben, weshalb die Einwohner Almondsburys im Juni 1817 eine Schiffspassage für die Heimreise ihrer Prinzessin ins mystische Javasu finanzierten.
8
Mary Baker fuhr stattdessen nach Amerika. Einer Legende zufolge segelte sie jedoch nach St. Helena und wurde dort die letzte große Liebe Napoleons.

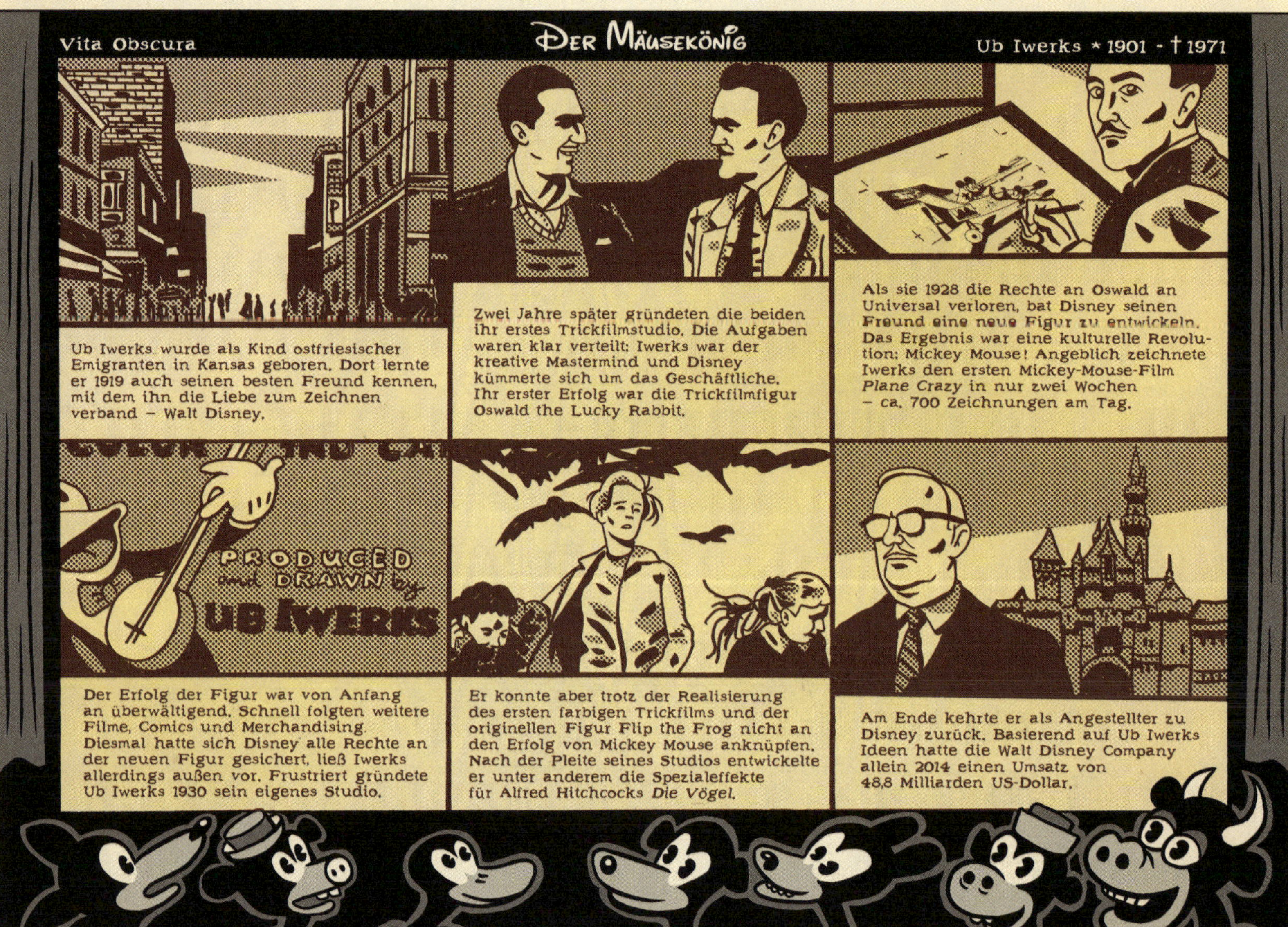

Vita Obscura
Der Mäusekönig
Ub Iwerks * 1901 - † 1971
Ub Iwerks wurde als Kind ostfriesischer Emigranten in Kansas geboren. Dort lernte er 1919 auch seinen besten Freund kennen, mit dem ihn die Liebe zum Zeichnen verband – Walt Disney.
Zwei Jahre später gründeten die beiden ihr erstes Trickfilmstudio. Die Aufgaben waren klar verteilt: Iwerks war der kreative Mastermind und Disney kümmerte sich um das Geschäftliche. Ihr erster Erfolg war die Trickfilmfigur Oswald the Lucky Rabbit.
Als sie 1928 die Rechte an Oswald an Universal verloren, bat Disney seinen Freund eine neue Figur zu entwickeln. Das Ergebnis war eine kulturelle Revolution: Mickey Mouse! Angeblich zeichnete Iwerks den ersten Mickey-Mouse-Film *Plane Crazy* in nur zwei Wochen – ca. 700 Zeichnungen am Tag.
PRODUCED and DRAWN by
UB IWERKS
Der Erfolg der Figur war von Anfang an überwältigend. Schnell folgten weitere Filme, Comics und Merchandising. Diesmal hatte sich Disney alle Rechte an der neuen Figur gesichert, ließ Iwerks allerdings außen vor. Frustriert gründete Ub Iwerks 1930 sein eigenes Studio.
Er konnte aber trotz der Realisierung des ersten farbigen Trickfilms und der originellen Figur Flip the Frog nicht an den Erfolg von Mickey Mouse anknüpfen. Nach der Pleite seines Studios entwickelte er unter anderem die Spezialeffekte für Alfred Hitchcocks *Die Vögel*.
Am Ende kehrte er als Angestellter zu Disney zurück. Basierend auf Ub Iwerks Ideen hatte die Walt Disney Company allein 2014 einen Umsatz von 48,8 Milliarden US-Dollar.

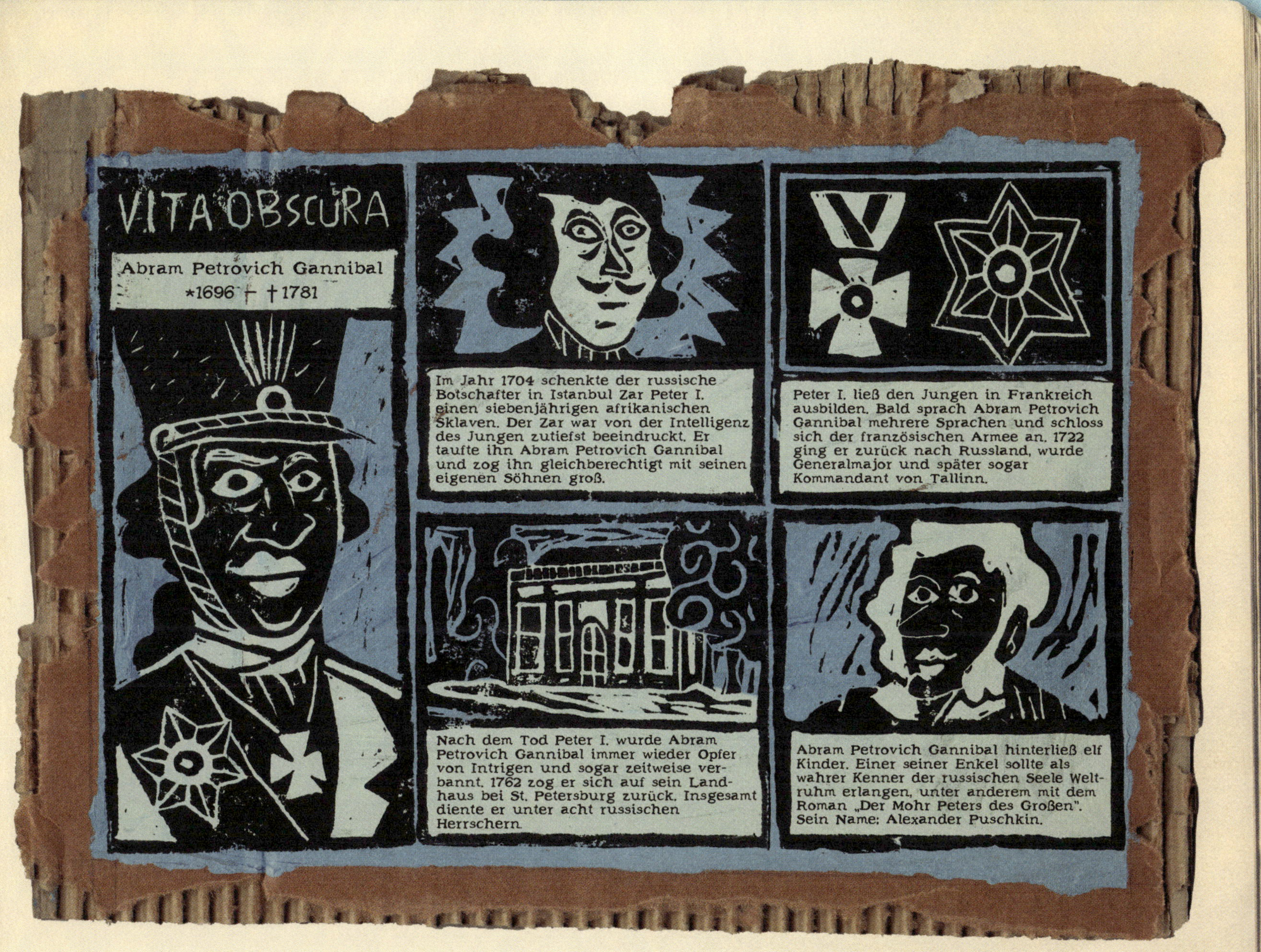
VITA OBSCURA
Abram Petrovich Gannibal
*1696 – †1781
Im Jahr 1704 schenkte der russische Botschafter in Istanbul Zar Peter I. einen siebenjährigen afrikanischen Sklaven. Der Zar war von der Intelligenz des Jungen zutiefst beeindruckt. Er taufte ihn Abram Petrovich Gannibal und zog ihn gleichberechtigt mit seinen eigenen Söhnen groß.
Peter I. ließ den Jungen in Frankreich ausbilden. Bald sprach Abram Petrovich Gannibal mehrere Sprachen und schloss sich der französischen Armee an. 1722 ging er zurück nach Russland, wurde Generalmajor und später sogar Kommandant von Tallinn.
Nach dem Tod Peter I. wurde Abram Petrovich Gannibal immer wieder Opfer von Intrigen und sogar zeitweise verbannt. 1762 zog er sich auf sein Landhaus bei St. Petersburg zurück. Insgesamt diente er unter acht russischen Herrschern.
Abram Petrovich Gannibal hinterließ elf Kinder. Einer seiner Enkel sollte als wahrer Kenner der russischen Seele Weltruhm erlangen, unter anderem mit dem Roman „Der Mohr Peters des Großen". Sein Name: Alexander Puschkin.

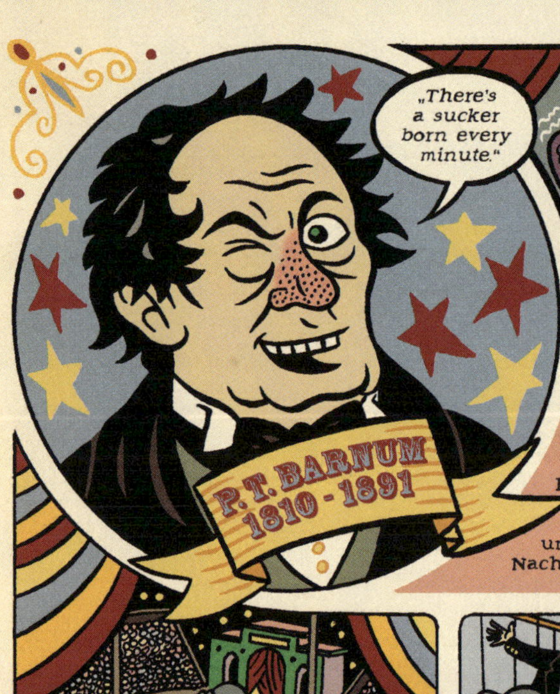

Im Jahre 1885 stand New York Kopf. Auf großen Plakaten bewarb der unbekannte Schausteller P.T. Barnum seine neueste Attraktion: George Washingtons 161-jährige Amme Joice Heth. Bei ihren Auftritten erzählte die blinde Greisin Anekdoten vom „kleinen George" und machte P.T. Barnum über Nacht zu einem reichen Mann.

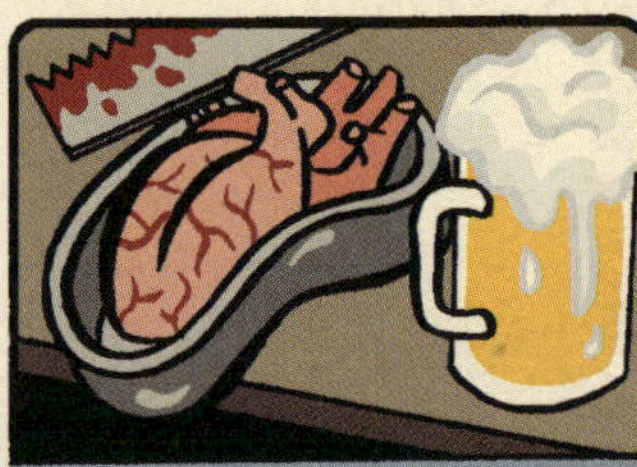

Nach ihrem Tod gab Barnum den Körper der Frau für eine öffentliche Autopsie in einem Wirtshaus frei – selbstverständlich zu horrenden Eintrittspreisen. Als sich ihr Alter als Betrug herausstellte, erklärte Barnum, es habe sich nicht um die echte Joice Heth gehandelt – diese befinde sich nämlich gerade auf Europatournee.

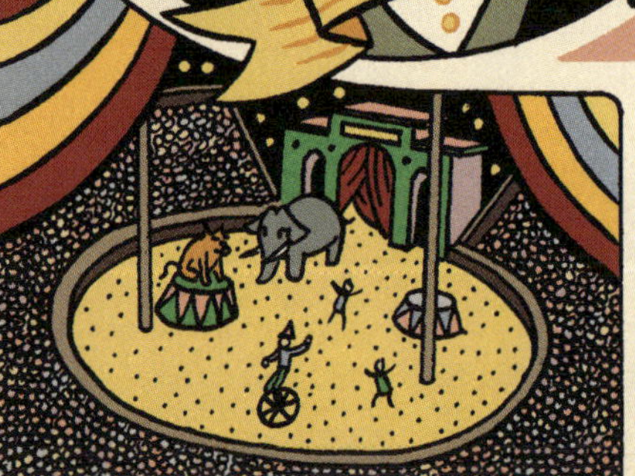

In den folgenden Jahren wurde P.T. Barnum zum König der Schausteller. Er fälschte Meerjungfrauen und die Skelette von Riesen. Oft wurden seine Schwindel nach ihrer Aufdeckung erst richtige Kassenschlager. Er eröffnete ein Kuriositätenkabinette, das angeblich 38 Millionen Menschen besucht haben. Mit dem „Barnum & Bailey Circus" gründete er 1881 den damals größten Zirkus der Welt und tourte damit auch durch Europa und Asien.

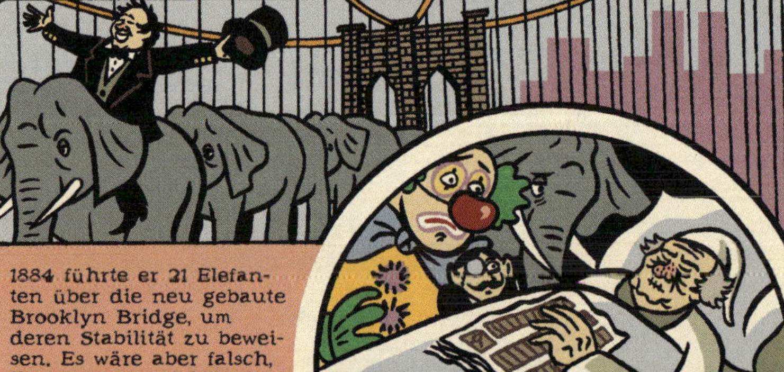

1884 führte er 21 Elefanten über die neu gebaute Brooklyn Bridge, um deren Stabilität zu beweisen. Es wäre aber falsch, ihn nur auf solch spektakuläre Aktionen zu reduzieren. Barnum gehörte viele Jahre dem Repräsentantenhaus von Connecticut an, war Bürgermeister von Bridgeport, bewarb sich für den Kongress und engagierte sich gegen die Sklaverei.

Seinen eigenen Nachruf ließ P.T. Barnum 1891 in der „New York Sun" veröffentlichen, um ihn noch selbst lesen zu können. Kurze Zeit später starb er an den Folgen eines Schlaganfalls. Seine letzten Worte waren die Frage nach den Tageseinnahmen des Zirkus.

DAS BEIN DER SÄNGERIN

Dass die französische Sängerin und Schauspielerin Sarah Bernhardt der größte Star des späten 19. Jahrhunderts war, steht außer Frage. Folglich ist es nicht verwunderlich, dass ihre einzige ernst zu nehmende Konkurrenz sie selbst war – um genau zu sein, ihr rechtes Bein.

Sie hatte es sich bei einer Aufführung von „La Tosca" so schwer verletzt, dass es zur Gänze abgenommen werden musste.

Daraufhin erwarb niemand Geringeres als P.T. Barnum das Bein für 10.000 Dollar, um es öffentlich auszustellen. Die „Göttliche Sarah" trat fortan bis an ihr Lebensende im Rollstuhl auf. Oft in der gleichen Stadt wie ihr Bein. Zeitweise soll das Bein jedoch weit mehr Besucher angezogen haben.

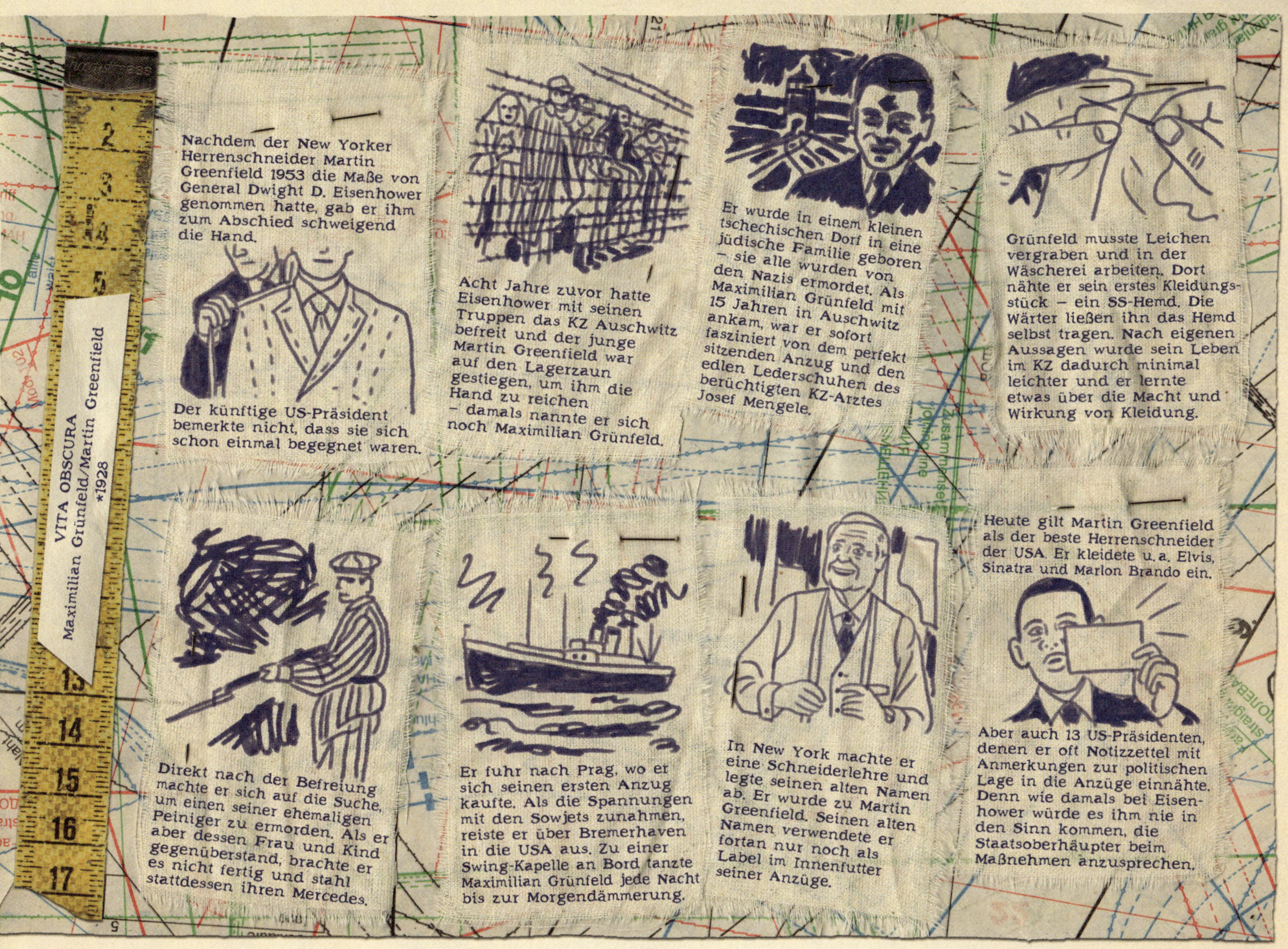

VITA OBSCURA
Maximilian Grünfeld/Martin Greenfield
*1928
Nachdem der New Yorker Herrenschneider Martin Greenfield 1953 die Maße von General Dwight D. Eisenhower genommen hatte, gab er ihm zum Abschied schweigend die Hand.
Der künftige US-Präsident bemerkte nicht, dass sie sich schon einmal begegnet waren.
Acht Jahre zuvor hatte Eisenhower mit seinen Truppen das KZ Auschwitz befreit und der junge Martin Greenfield war auf den Lagerzaun gestiegen, um ihm die Hand zu reichen – damals nannte er sich noch Maximilian Grünfeld.
Er wurde in einem kleinen tschechischen Dorf in eine jüdische Familie geboren – sie alle wurden von den Nazis ermordet. Als Maximilian Grünfeld mit 15 Jahren in Auschwitz ankam, war er sofort fasziniert von dem perfekt sitzenden Anzug und den edlen Lederschuhen des berüchtigten KZ-Arztes Josef Mengele.
Grünfeld musste Leichen vergraben und in der Wäscherei arbeiten. Dort nähte er sein erstes Kleidungsstück – ein SS-Hemd. Die Wärter ließen ihn das Hemd selbst tragen. Nach eigenen Aussagen wurde sein Leben im KZ dadurch minimal leichter und er lernte etwas über die Macht und Wirkung von Kleidung.
Direkt nach der Befreiung machte er sich auf die Suche, um einen seiner ehemaligen Peiniger zu ermorden. Als er aber dessen Frau und Kind gegenüberstand, brachte er es nicht fertig und stahl stattdessen ihren Mercedes.
Er fuhr nach Prag, wo er sich seinen ersten Anzug kaufte. Als die Spannungen mit den Sowjets zunahmen, reiste er über Bremerhaven in die USA aus. Zu einer Swing-Kapelle an Bord tanzte Maximilian Grünfeld jede Nacht bis zur Morgendämmerung.
In New York machte er eine Schneiderlehre und legte seinen alten Namen ab. Er wurde zu Martin Greenfield. Seinen alten Namen verwendete er fortan nur noch als Label im Innenfutter seiner Anzüge.
Heute gilt Martin Greenfield als der beste Herrenschneider der USA. Er kleidete u. a. Elvis, Sinatra und Marlon Brando ein.
Aber auch 13 US-Präsidenten, denen er oft Notizzettel mit Anmerkungen zur politischen Lage in die Anzüge einnähte. Denn wie damals bei Eisenhower würde es ihm nie in den Sinn kommen, die Staatsoberhäupter beim Maßnehmen anzusprechen.

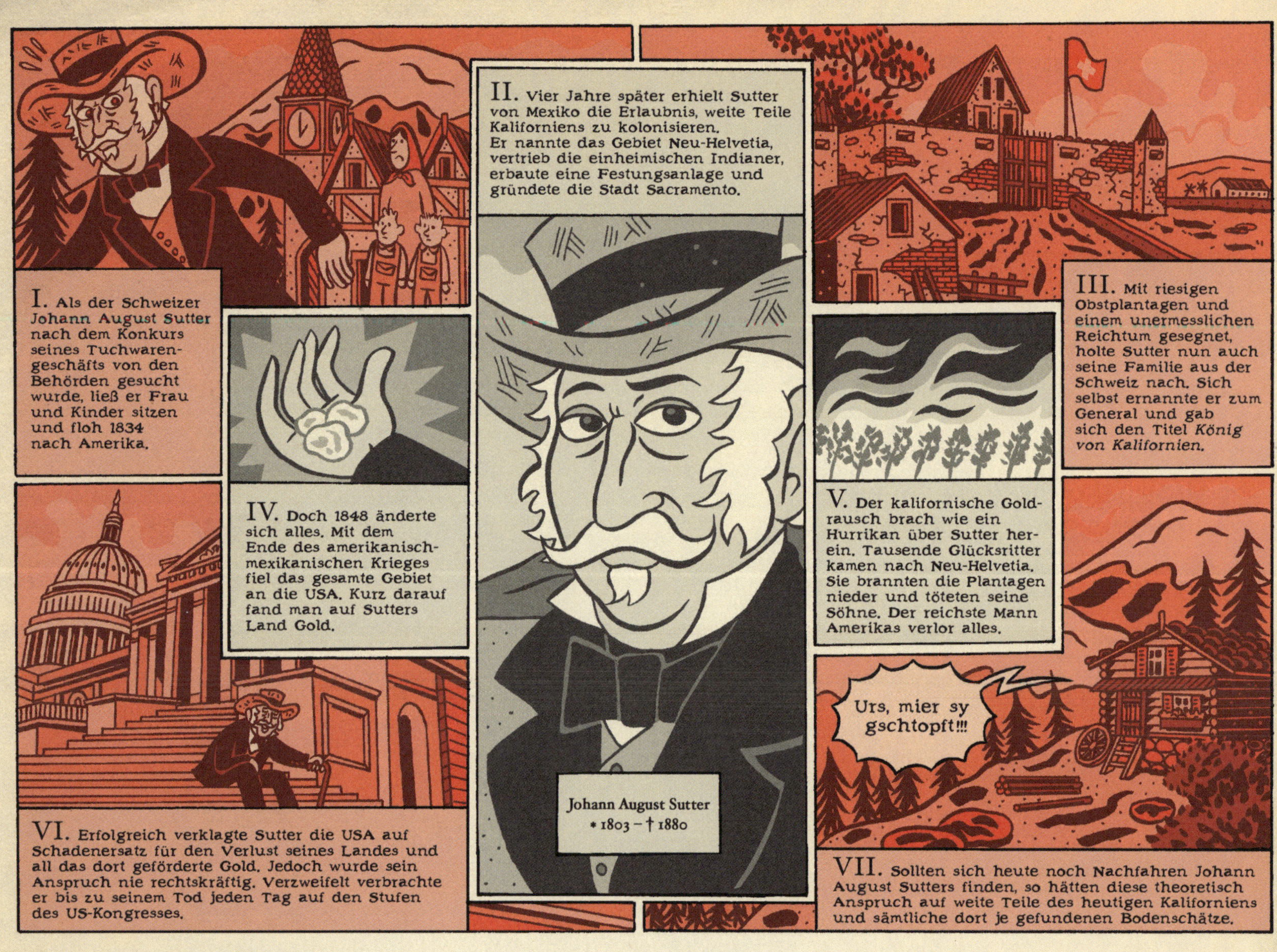
I. Als der Schweizer Johann August Sutter nach dem Konkurs seines Tuchwarengeschäfts von den Behörden gesucht wurde, ließ er Frau und Kinder sitzen und floh 1834 nach Amerika.
II. Vier Jahre später erhielt Sutter von Mexiko die Erlaubnis, weite Teile Kaliforniens zu kolonisieren. Er nannte das Gebiet Neu-Helvetia, vertrieb die einheimischen Indianer, erbaute eine Festungsanlage und gründete die Stadt Sacramento.
III. Mit riesigen Obstplantagen und einem unermesslichen Reichtum gesegnet, holte Sutter nun auch seine Familie aus der Schweiz nach. Sich selbst ernannte er zum General und gab sich den Titel *König von Kalifornien*.
IV. Doch 1848 änderte sich alles. Mit dem Ende des amerikanisch-mexikanischen Krieges fiel das gesamte Gebiet an die USA. Kurz darauf fand man auf Sutters Land Gold.
Johann August Sutter
* 1803 – † 1880
V. Der kalifornische Goldrausch brach wie ein Hurrikan über Sutter herein. Tausende Glücksritter kamen nach Neu-Helvetia. Sie brannten die Plantagen nieder und töteten seine Söhne. Der reichste Mann Amerikas verlor alles.
VI. Erfolgreich verklagte Sutter die USA auf Schadenersatz für den Verlust seines Landes und all das dort geförderte Gold. Jedoch wurde sein Anspruch nie rechtskräftig. Verzweifelt verbrachte er bis zu seinem Tod jeden Tag auf den Stufen des US-Kongresses.
Urs, mier sy gschtopft!!!
VII. Sollten sich heute noch Nachfahren Johann August Sutters finden, so hätten diese theoretisch Anspruch auf weite Teile des heutigen Kaliforniens und sämtliche dort je gefundenen Bodenschätze.

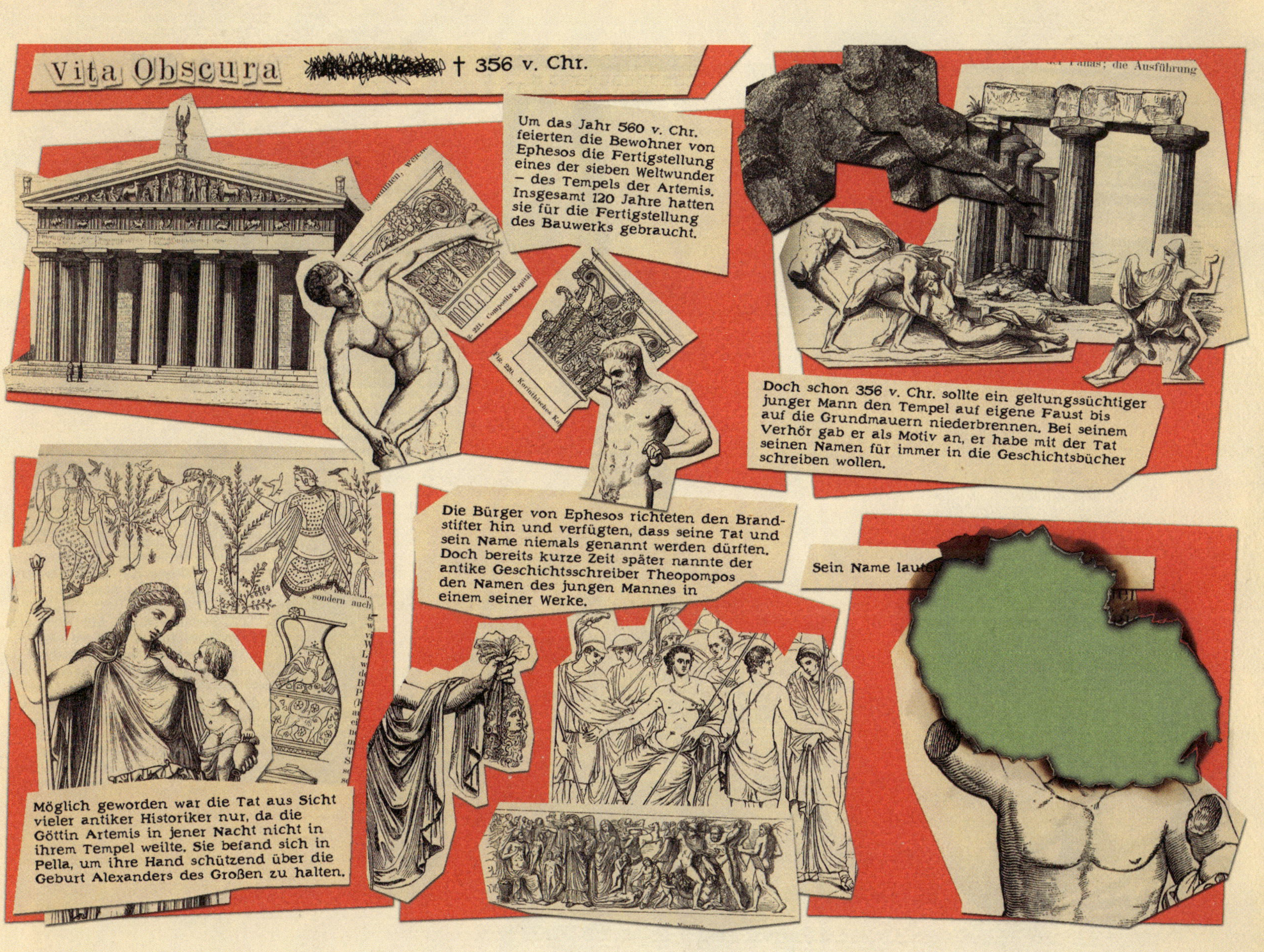
Vita Obscura † 356 v. Chr.
Um das Jahr 560 v. Chr. feierten die Bewohner von Ephesos die Fertigstellung eines der sieben Weltwunder – des Tempels der Artemis. Insgesamt 120 Jahre hatten sie für die Fertigstellung des Bauwerks gebraucht.
Doch schon 356 v. Chr. sollte ein geltungssüchtiger junger Mann den Tempel auf eigene Faust bis auf die Grundmauern niederbrennen. Bei seinem Verhör gab er als Motiv an, er habe mit der Tat seinen Namen für immer in die Geschichtsbücher schreiben wollen.
Die Bürger von Ephesos richteten den Brandstifter hin und verfügten, dass seine Tat und sein Name niemals genannt werden dürften. Doch bereits kurze Zeit später nannte der antike Geschichtsschreiber Theopompos den Namen des jungen Mannes in einem seiner Werke.
Sein Name laut
Möglich geworden war die Tat aus Sicht vieler antiker Historiker nur, da die Göttin Artemis in jener Nacht nicht in ihrem Tempel weilte. Sie befand sich in Pella, um ihre Hand schützend über die Geburt Alexanders des Großen zu halten.

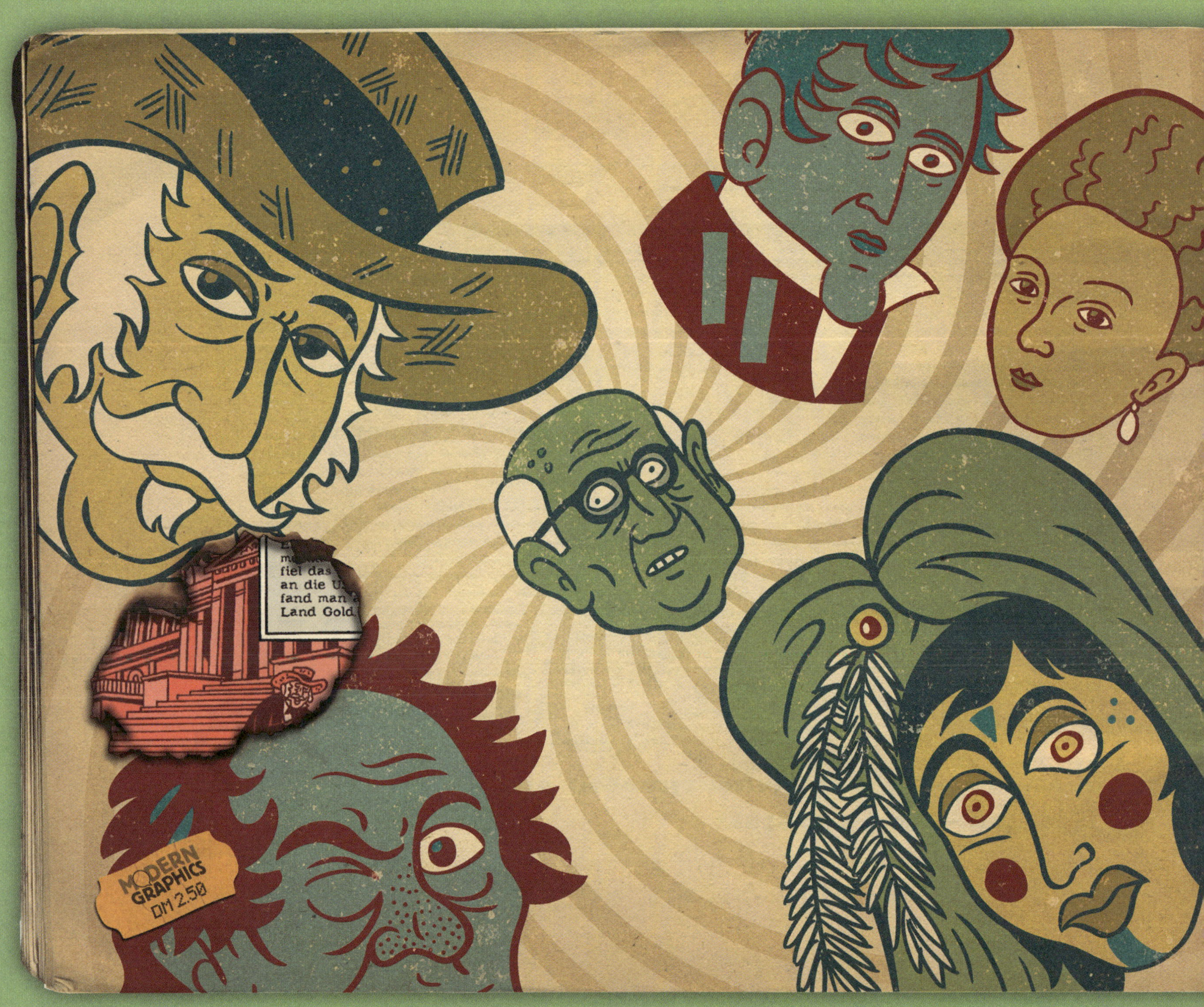
fiel das
an die U
fand man
Land Gold
MODERN
GRAPHICS
DM 2.50

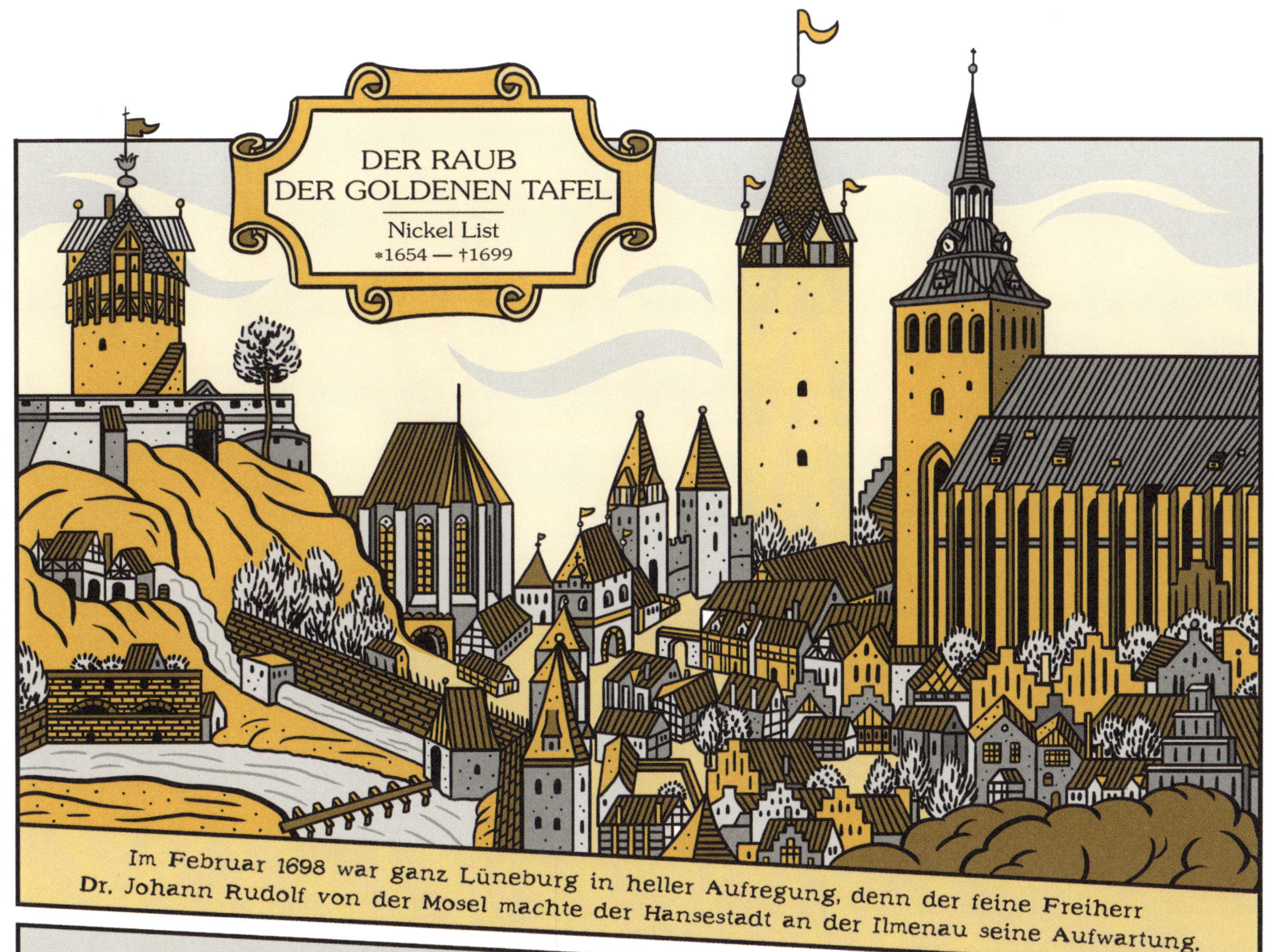
DER RAUB
DER GOLDENEN TAFEL
Nickel List
*1654 — †1699
Im Februar 1698 war ganz Lüneburg in heller Aufregung, denn der feine Freiherr Dr. Johann Rudolf von der Mosel machte der Hansestadt an der Ilmenau seine Aufwartung.

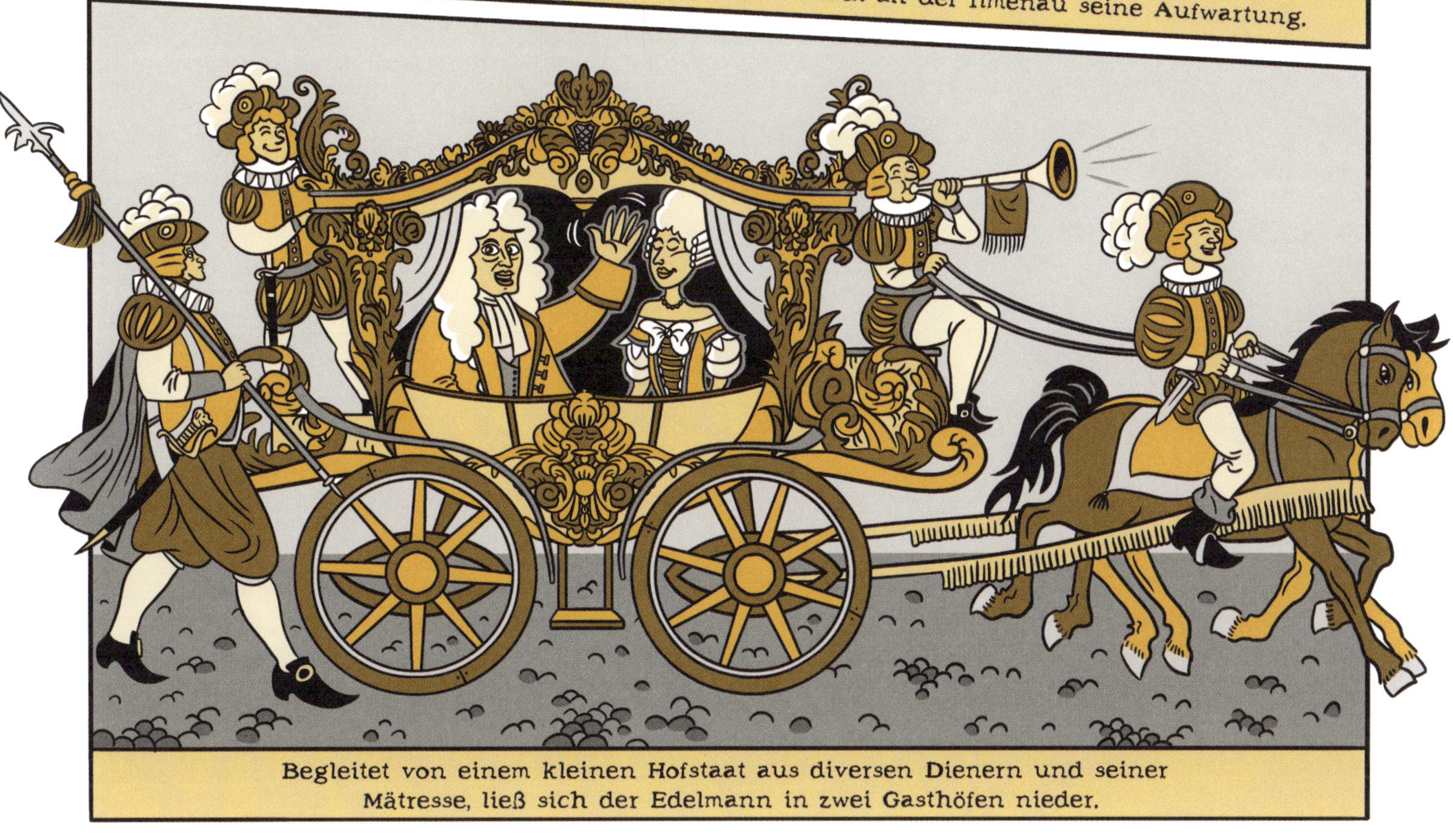
Begleitet von einem kleinen Hofstaat aus diversen Dienern und seiner Mätresse, ließ sich der Edelmann in zwei Gasthöfen nieder.

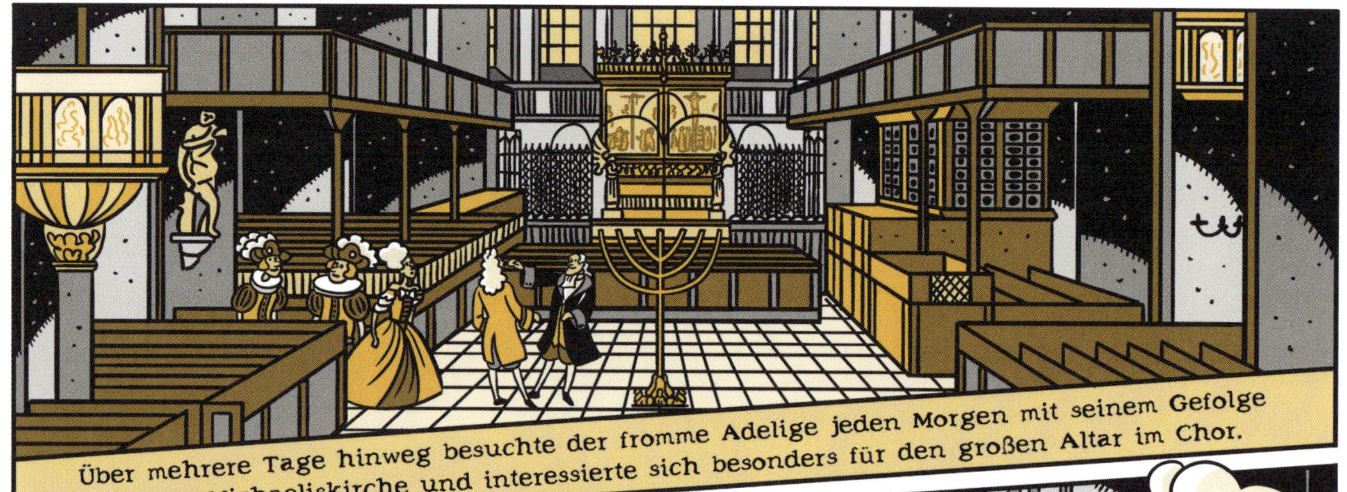
Über mehrere Tage hinweg besuchte der fromme Adelige jeden Morgen mit seinem Gefolge die St. Michaeliskirche und interessierte sich besonders für den großen Altar im Chor.

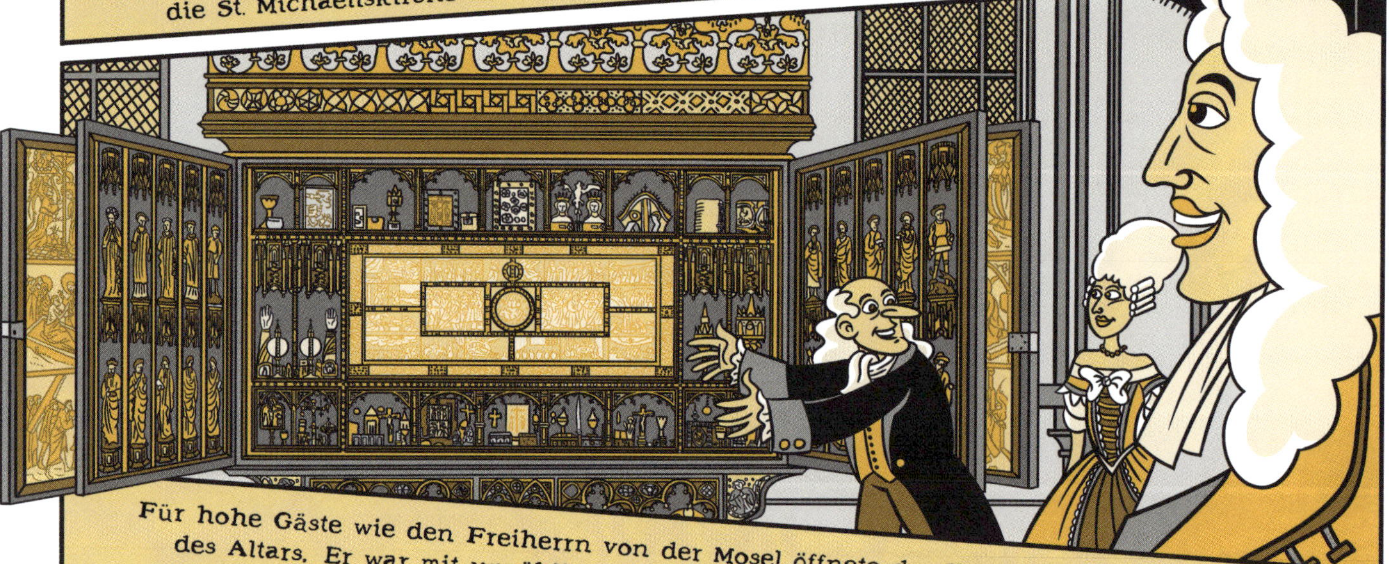
Für hohe Gäste wie den Freiherrn von der Mosel öffnete der Küster gern die Flügeltüren des Altars. Er war mit unzähligen Reliquien gefüllt und in seiner Mitte prangte die Goldene Tafel, ein mit kostbaren Edelsteinen verziertes uraltes Werk aus purem Gold.

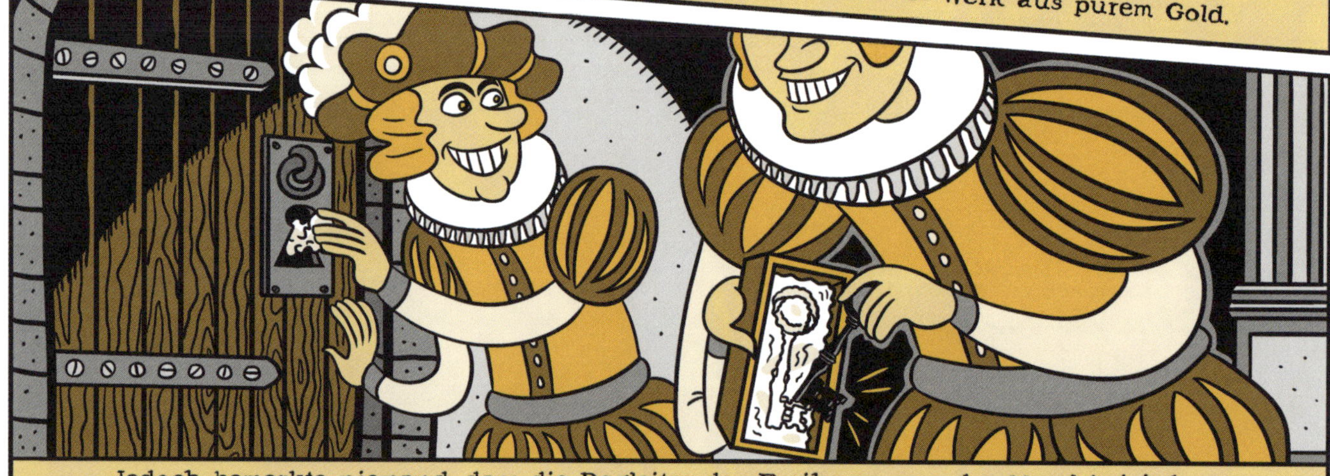
Jedoch bemerkte niemand, dass die Begleiter des Freiherrn von der Mosel bei jedem Besuch mit Wachs heimlich Abdrücke der Schlüssel und Schlüssellöcher aller Türen machten, um später Kopien der Schlüssel anzufertigen.

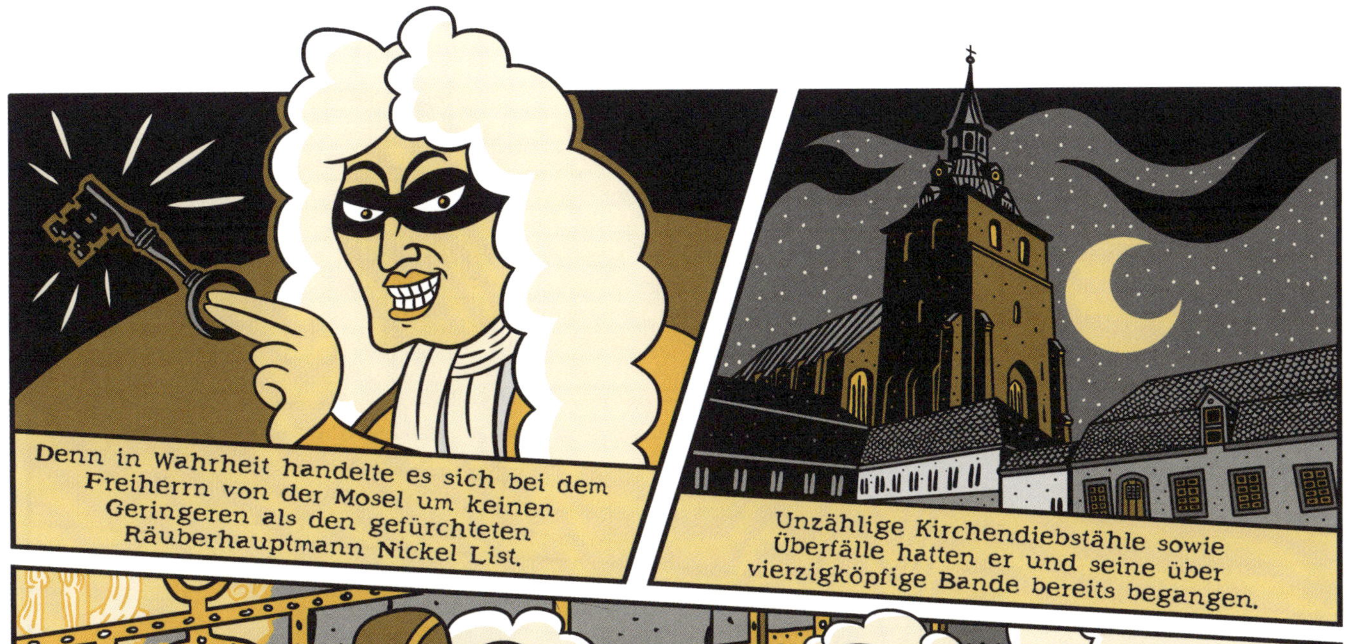
Denn in Wahrheit handelte es sich bei dem Freiherrn von der Mosel um keinen Geringeren als den gefürchteten Räuberhauptmann Nickel List.
Unzählige Kirchendiebstähle sowie Überfälle hatten er und seine über vierzigköpfige Bande bereits begangen.

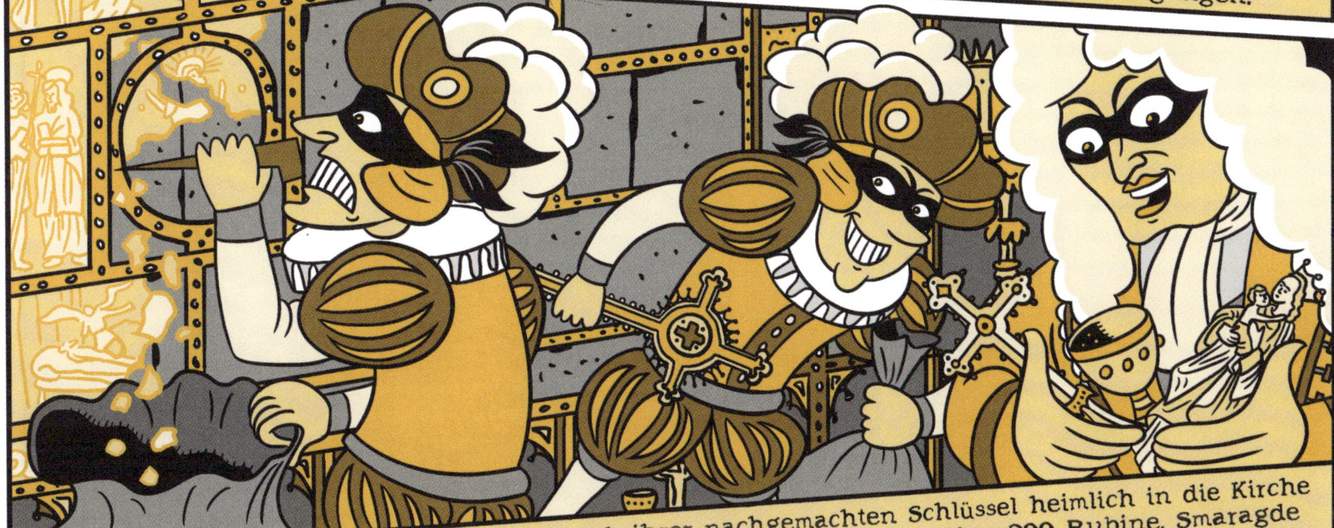
In der Nacht zum 7. März 1698 stiegen sie dank ihrer nachgemachten Schlüssel heimlich in die Kirche ein. Mit Spezialwerkzeug schnitten sie das Gold vom Altarbild, rissen über 200 Rubine, Smaragde sowie unzählige Perlen ab und erbeuteten kostbare Gegenstände wie Reliquien, Kreuze und Kelche.

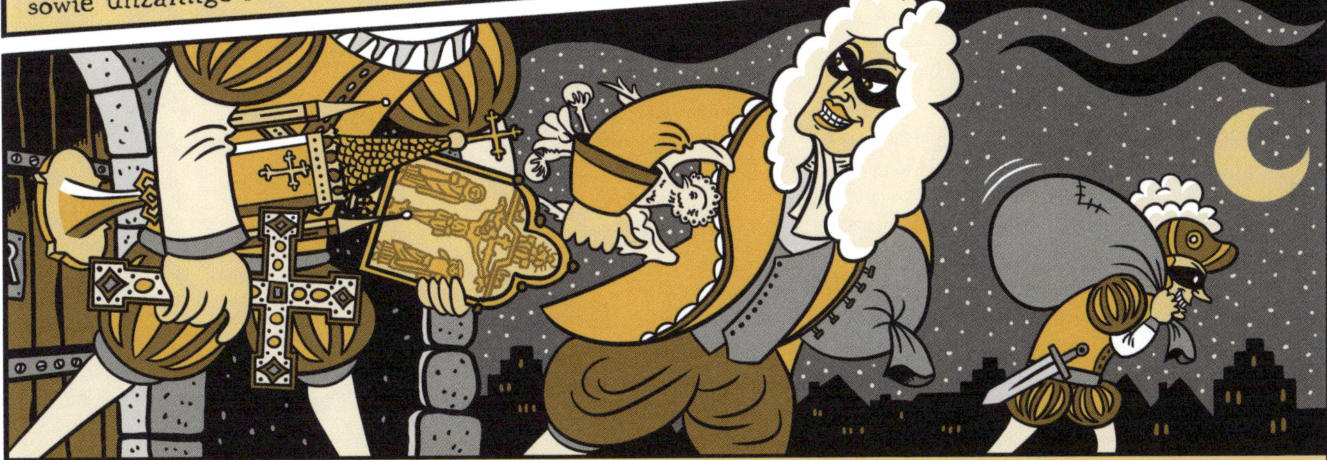
Der ganze Raub wurde exakt mit den Glockenschlägen der Kirche abgestimmt, um den unheimlichen Lärm, der mit der Zerstörung einherging, zu übertönen. Anschließend verschlossen die Räuber sowohl die Flügel des Altars als auch die Kirchentür, um ihre Tat zu vertuschen. Dann flohen sie aus der Stadt.

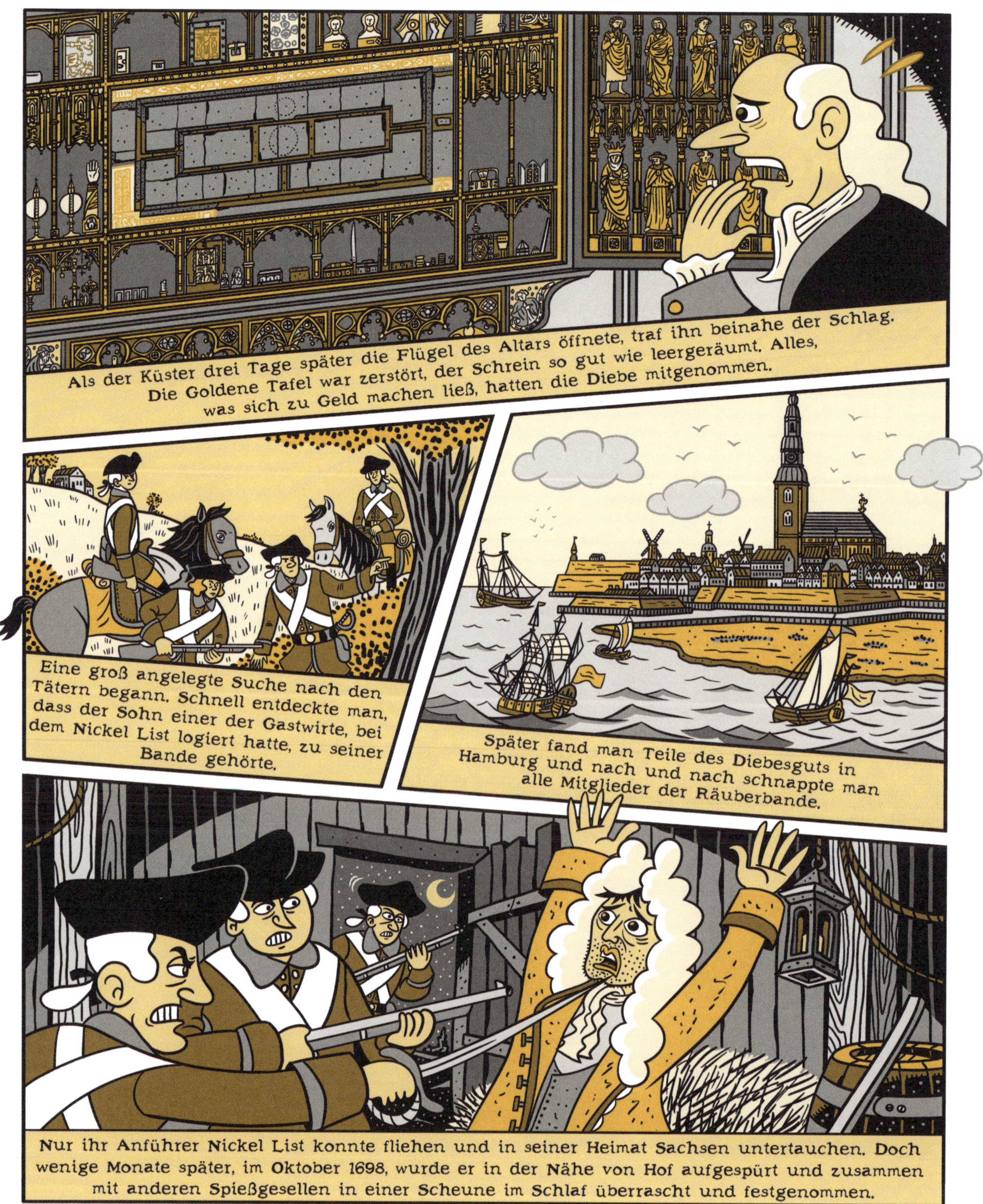
Als der Küster drei Tage später die Flügel des Altars öffnete, traf ihn beinahe der Schlag. Die Goldene Tafel war zerstört, der Schrein so gut wie leergeräumt. Alles, was sich zu Geld machen ließ, hatten die Diebe mitgenommen.
Eine groß angelegte Suche nach den Tätern begann. Schnell entdeckte man, dass der Sohn einer der Gastwirte, bei dem Nickel List logiert hatte, zu seiner Bande gehörte.
Später fand man Teile des Diebesguts in Hamburg und nach und nach schnappte man alle Mitglieder der Räuberbande.
Nur ihr Anführer Nickel List konnte fliehen und in seiner Heimat Sachsen untertauchen. Doch wenige Monate später, im Oktober 1698, wurde er in der Nähe von Hof aufgespürt und zusammen mit anderen Spießgesellen in einer Scheune im Schlaf überrascht und festgenommen.

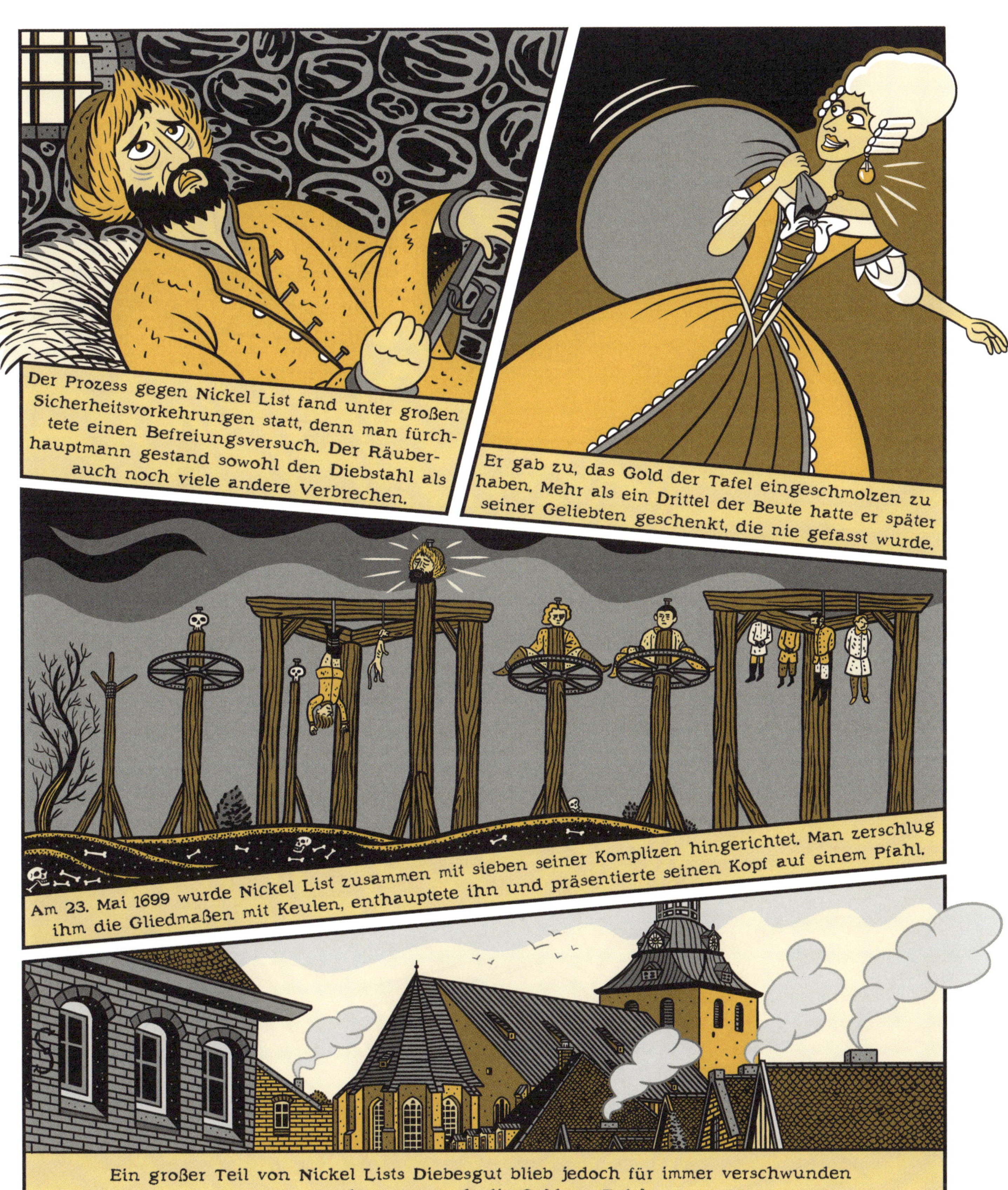
Der Prozess gegen Nickel List fand unter großen Sicherheitsvorkehrungen statt, denn man fürchtete einen Befreiungsversuch. Der Räuberhauptmann gestand sowohl den Diebstahl als auch noch viele andere Verbrechen.
Er gab zu, das Gold der Tafel eingeschmolzen zu haben. Mehr als ein Drittel der Beute hatte er später seiner Geliebten geschenkt, die nie gefasst wurde.
Am 23. Mai 1699 wurde Nickel List zusammen mit sieben seiner Komplizen hingerichtet. Man zerschlug ihm die Gliedmaßen mit Keulen, enthauptete ihn und präsentierte seinen Kopf auf einem Pfahl.
Ein großer Teil von Nickel Lists Diebesgut blieb jedoch für immer verschwunden – darunter auch die Goldene Tafel.

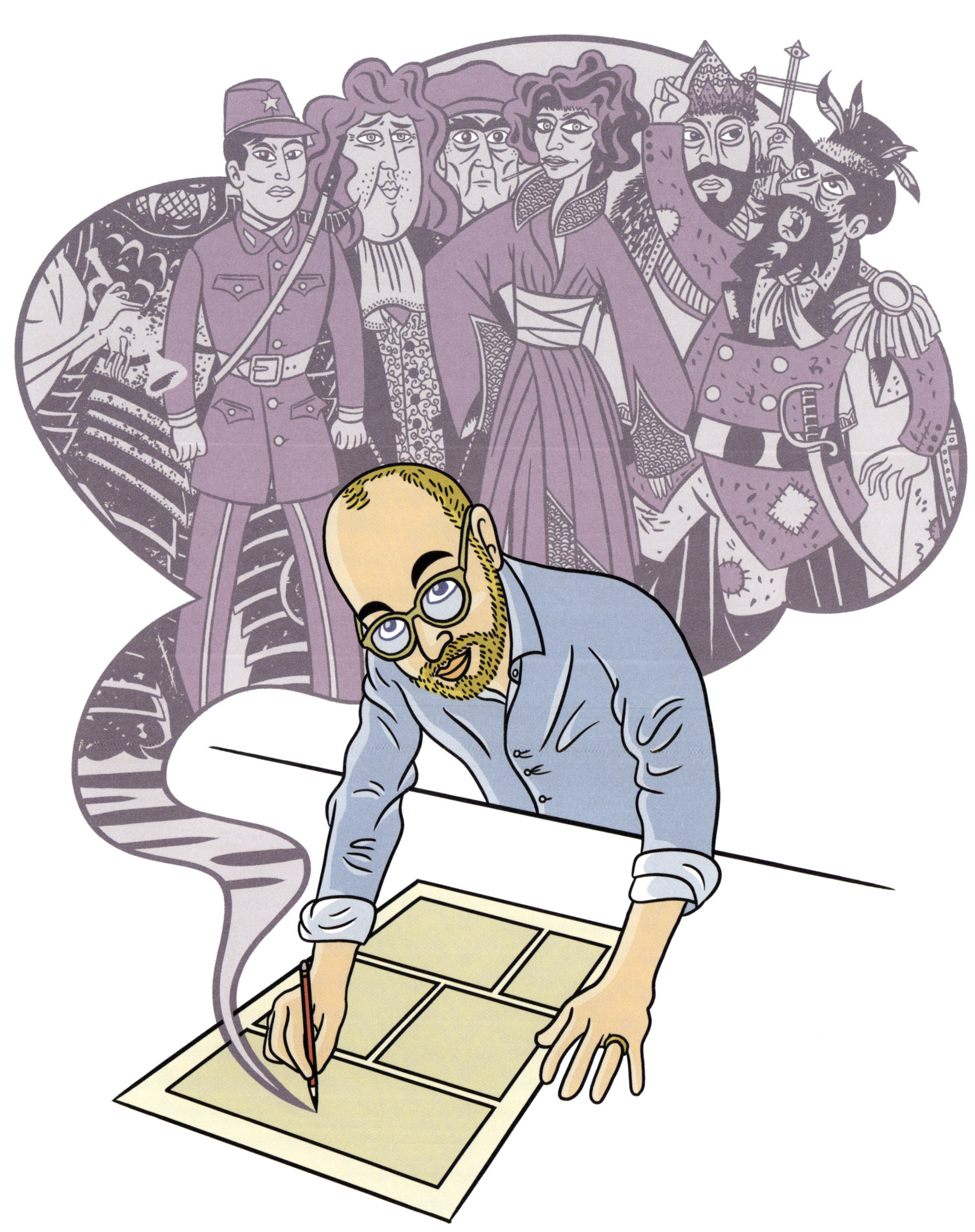

Simon Schwartz, geboren 1982, ist einer der bekanntesten deutschen Comickünstler. Er studierte Illustration an der HAW Hamburg und debütierte 2009 mit „drüben!", der berührenden Graphic Novel über die Ausreise seiner Eltern aus der DDR. Das Buch wurde u. a. 2010 mit dem ICOM Independent Comic Preis ausgezeichnet und für den Deutschen Jugendliteraturpreis 2010 nominiert.

Seine zweite große Graphic Novel „Packeis" über den afroamerikanischen Seemann und Nordpol-Entdecker Matthew Henson wurde von der Kritik begeistert aufgenommen und 2012 mit dem Max und Moritz-Preis als „Bester deutschsprachiger Comic" ausgezeichnet.

Für die „Gedenk- und Bildungsstätte Andreasstraße" in der ehemaligen Stasi-Zentrale in seiner Geburtsstadt Erfurt gestaltete Simon Schwartz 2012 einen 7 x 40 Meter großen Bildfries, der den Neubau eines Glaskubus umschließt. 2013 wurde er hierfür und für seine Arbeit an Packeis mit dem Hans-Meid-Förderpreis bedacht.

2014 erschien mit „Vita Obscura" ein erster Sammelband von Schwartz' gleichnamigen Comicstrips aus der Wochenzeitung der Freitag. Seit 2019 erscheint der Comicstrip im F.A.Z.-Magazin, wo er die von Karl Lagerfeld bis zu seinem Tod gezeichneten „Karlikaturen" ersetzte.

Im Jahr 2018 zeigte das Erfurter Angermuseum gemeinsam mit der Ludwiggalerie Schloss Oberhausen erstmals eine umfassende Werkschau seiner Arbeiten unter dem Titel „Geschichtsbilder". Im gleichen Jahr erschien die Graphic Novel „IKON" über eine reale Hochstaplerin, die sich als die jüngste Zarentochter Anastasia ausgab.

2017 und 2019 ehrte der Deutsche Bundestag Simon Schwartz mit Einzelausstellungen zur Comic-Serie „Das Parlament" in der Abgeordnetenlobby des Reichstagsgebäudes.

Ferner erscheinen Schwartz' Comics und Illustrationen regelmäßig in diversen Zeitungen und Magazinen, u. a. Frankfurter Allgemeine Sonntagszeitung, der Freitag, GEOlino und Die Zeit.

Er lebt und arbeitet in Hamburg.

www.simon-schwartz.com

Ebenfalls von Simon Schwartz
im avant-verlag erschienen:

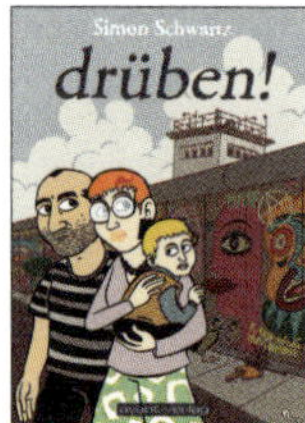

drüben!
ISBN: 978-3-939080-37-4

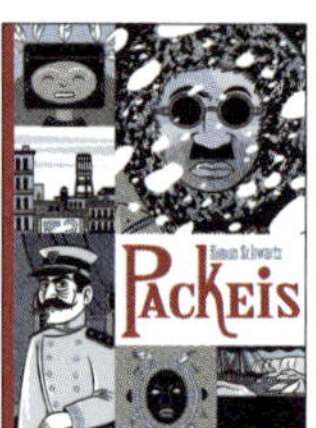

Packeis
ISBN: 978-3-939080-52-7

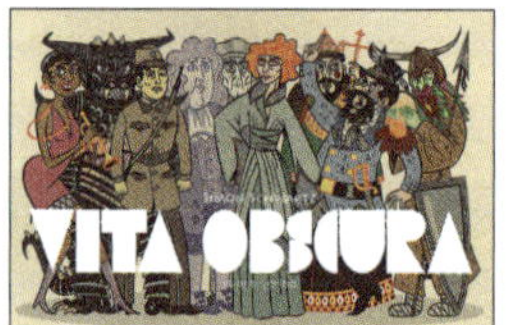

Vita Obscura
ISBN: 978-3-939080-94-7

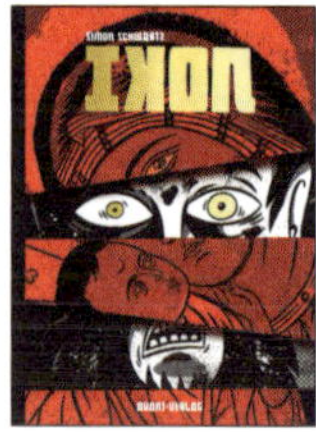

IKON
ISBN: 978-3-945034-79-8

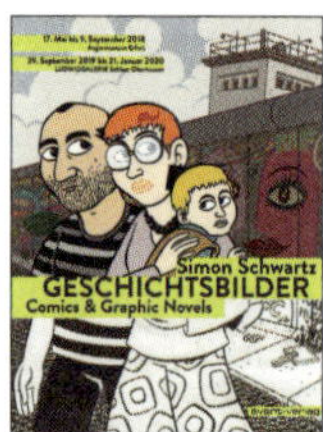

Geschichtsbilder
Comics & Graphic Novels
ISBN: 978-3-945034-91-0

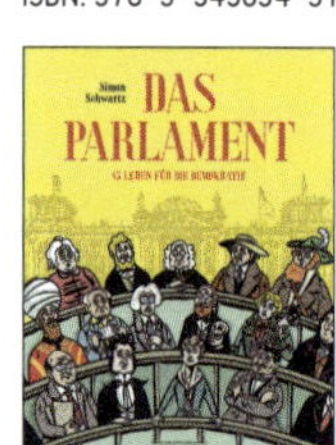

Das Parlament
45 Leben für die Demokratie
ISBN: 978-3-96445-006-7

VITA OBSCURA — LIFE BIZARRE
Text und Zeichnungen: Simon Schwartz

ISBN: 978-3-96445-081-4

Lektorat: Johann Ulrich
Herstellung & Layout: Thomas „Le Bricoleur“ Gilke
Herausgeber: Johann Ulrich

Die Comics auf den Seiten 9 bis 69
erschienen von September 2019 bis April 2022 im „F.A.Z.-Magazin“

Die Comics auf den Seiten 72 bis 85
erschienen von August 2015 bis September 2016 in „der Freitag“

Die Geschichte „Der Raub der goldenen Tafel“
entstand 2019 für die Ausstellung „Zeitenwende 1400“ des
Landesmuseums Hannover

avant-verlag GmbH | Weichselplatz 3—4 | 12045 Berlin
info@avant-verlag.de

Mehr Informationen & kostenlose Leseproben
finden Sie online:
www.avant-verlag.de
instagram.com/avant_verlag
www.facebook.com/avant-verlag